tropicália
alegoria
alegria

CELSO FAVARETTO

tropicália
alegoria
alegria

5ª edição

Ateliê Editorial

Copyright © 1995 by Celso Fernando Favaretto

Direitos reservados e protegidos pela Lei 9.610 de 19.02.98.
É proibida a reprodução total ou parcial sem autorização,
por escrito, da editora.

1ª edição (Kairós) 1979 | 2ª edição (Ateliê Editorial) 1996
3ª edição (Ateliê Editorial) 2000 | 4ª edição (Ateliê Editorial) 2007
5ª edição (Ateliê Editorial) 2021

Dados Internacionais de Catalogação na Publicação (CIP)
(Câmara Brasileira do Livro, SP, Brasil)

Favaretto, Celso
 Tropicália, Alegoria, Alegria / Celso Favaretto. – 5. ed.
– Cotia, SP: Ateliê Editorial, 2021.

 Inclui bibliografia
 ISBN 978-65-5580-017-3

 1. Música popular – Brasil – História e crítica
2. Tropicalismo (Música) – Brasil I. Título.

20-42713   CDD-781.630981

Índices para catálogo sistemático:
1. Brasil: Tropicalismo: Música popular   781.630981

Cibele Maria Dias – Bibliotecária – CRB-8/9427

Direitos reservados à
ATELIÊ EDITORIAL
Estrada da Aldeia de Carapicuíba, 897
06709-300 – Cotia – SP – Brasil
Tel.: (11) 4702-5915
www.atelie.com.br | contato@atelie.com.br
facebook.com/atelieeditorial | blog.atelie.com.br

Printed in Brazil   2021
Foi feito o depósito legal

*Para João Adolfo Hansen e Leon Kossovitch,
pela carnavalesca colaboração.*

Para Sônia, araçá azul.

SUMÁRIO

Prefácio – *Luiz Tatit* 11
Nota à Segunda Edição 17
Surgimento: Uma Explosão Colorida 19
A Mistura Tropicalista 31
    Ingredientes da mistura tropicalista 31
    Tropicalismo e antropofagia 55
A Cena Tropicalista 63
    Tropicália: a bossa, a fossa, a roça 63
    Panis et circencis 78
O Procedimento Cafona 113
    Construção das imagens tropicalistas 113
    O carnaval tropicalista 131
Tropicalismo, Mercado, Participação 137
Letras de Canções 149
Discografia 175
Bibliografia 177

PREFÁCIO

Como todo movimento explosivo, o tropicalismo deixou estilhaços em diversos lugares da cultura brasileira e, à medida que o tempo passa, descobrem-se fragmentos que ainda fervilham e geram novos focos de criação de alguma forma tributários daquele final dos anos 1960. A chama mais ardente deu origem, em 1993, ao CD *Tropicália 2*, no qual a dupla Caetano Veloso e Gilberto Gil comemora 25 anos (26, na verdade) da primeira intervenção e, ao mesmo tempo, reavalia o momento sociopolítico-cultural do Brasil tomando como gabarito o seu instrumento mais afinado: a canção.

Tropicália 1 nasceu num país enrijecido por maniqueísmos que se infiltravam nos setores artísticos coibindo diversas formas de criação. Em relação a essa ordem, nítida e definida, o tropicalismo introduziu a *fratura*. *Tropicália 2* foi concebida num Brasil democrático, heterogêneo e avançado sob certos aspectos (como o estético, por exemplo), mas incapaz de equacionar seus problemas e de conciliar suas diferenças num projeto de alcance internacional. Em resposta a este estado de desagregação, Caetano e Gil propuseram a *sutura* (expressa nas amplas durações melódicas e no apelo ao "pensa-te" – como em *Aboio* e no refrão de *Haiti*).

As duas versões do movimento, veiculadas em escala comercial, perfazem um arco histórico cujos pontos extremos delimitam uma verdadeira era de participação ativa e ininterrupta dos dois compositores baianos na vida nacional. Estes, de fato, entraram e saíram de todas as estruturas, deixando um legado – ainda em pleno desenvolvimento – de qualidade poucas vezes atingida por outros artistas do país.

Essa era vem sendo tema de inúmeros trabalhos acadêmicos ou de iniciativas independentes de pesquisadores, escritores e jornalistas que se entusiasmam com a produção do período. Boa parte desses trabalhos ainda está em andamento e muitos deles com dificuldades de abordar as fases recentes cujos efeitos ainda não foram consumados. Todos, porém, iniciaram suas investigações a partir de duas obras capitais: *O Balanço da Bossa e Outras Bossas*, de Augusto de Campos, e *Tropicália – Alegoria, Alegria*, de Celso Favaretto. A primeira fez a ponte da bossa nova à tropicália. A segunda penetrou fundo na análise deste último movimento.

Um dos grandes méritos de Favaretto neste volume, publicado pela primeira vez em 1979, foi reconstituir os nexos entre as composições, os arranjos musicais, as cenas que caracterizaram os gestos particulares dos tropicalistas e a tendência geral do movimento que acabou por definir uma nova estética. Pode-se imaginar as dificuldades de um projeto analítico cujo tema se alimenta de uma dinâmica paradoxal. E não se trata, nesse caso, de paradoxos encontrados e destacados pela atividade crítica. Nada disso. O tropicalismo adotou como dicção, entre outras coisas, a própria contradição, o que veio exigir de seus observadores uma revisão de critérios descritivos e maior agilidade no campo conceitual.

A astúcia do autor manifesta-se desde a escolha da canção *Alegria, Alegria* como fio condutor de seu projeto. Sua incorporação ao título, em forma de correlação anagramática entre "alegria" e "alegoria", já constitui em si uma primeira etapa de análise. De fato, a alegria – a prova dos nove –, disseminada pelo movimento em forma de descobertas, paródias, comentários ou de inversão carnavalesca dos valores, é a fração intensa e onipresente que entra diretamente na composição global da alegoria tropicalista. É a parte paradoxal – em constante conflito com a melancolia, o escárnio e a corrosão – que só encontra harmonia e coerência no todo. Para percorrer essa trajetória, Favaretto inspira-se em outro aspecto bastante sugestivo desta mesma canção: a velocidade.

A letra de *Alegria, Alegria* é conhecida por ter transformado o teor narrativo e discursivo da canção brasileira, mas o grande fator de espanto, na ocasião, foi o tratamento veloz que Caetano emprestou às estrofes. Suas justaposições insubordinadas tanto no nível das palavras ("dentes, pernas, bandeiras, bomba e Brigitte Bardot") como no nível das frases ("Eu tomo uma coca-cola / Ela pensa em casamento / E uma canção me consola") imprimiram uma dinâmica até então inédita nas letras de canção, fazendo que os contrastes e as contradições fossem rapidamente absorvidos pelo contexto geral da obra. A velocidade era uma arma do letrista a serviço da construção alegórica.

Embora não explicite esse dado, Favaretto demonstra que não apenas captou o poder desta arma no processo criativo da tropicália como também fez dela o seu grande instrumento de intelecção daquele período. No primeiro caso, a própria noção de fratura, que define a tropicália dos anos 1960, já supõe passagem brusca de um estado a outro, como se os acontecimentos se precipitassem num excesso de aceleração. Mesmo quando considera o rito antropofágico do movimento, que, como todo rito, dependeria de um tempo contínuo (uma duração) para o seu exercício, o autor jamais identifica um processo estabilizado e sim um "incessante movimento de devoração que recusa ancorar-se em significados já fixados". No segundo caso, a utilização dos conceitos psicanalíticos de *deslocamento* e *condensação* – calibrados pelas noções jakobsonianas de *metonímia* e *metáfora*, respectivamente –, na definição de alegoria, reitera o processo de celeridade quando culmina com um salto de substituição de uma imagem (um significante) por outra. E o que vem a ser a metáfora senão uma transposição repentina no interior de um fluxo fórico?

O texto de Favaretto é veloz em todos os sentidos. Consegue, em poucas páginas introdutórias, arrolar as principais questões – estéticas, filosóficas, psicológicas, sociopolíticas, mercadológicas etc. – que incomodavam os jovens daquela agitada década de 1960 e apresentar as respostas formuladas pelo movimento cuja longevidade pode ser aferida na produção incansável de seus líderes e na própria revitalização de sua história em 1993. De quebra, o autor exibe grande sensibilidade para apreender aquilo que só a canção é capaz de transmitir. Não se satisfaz com critérios apenas musicais ou literários e já chama a atenção, precocemente, para o "deslizar do corpo na linguagem" através da "entoação".

LUIZ TATIT
Setembro de 1995

NOTA À SEGUNDA EDIÇÃO

Este texto foi publicado em 1979 pela Editora Kairós, dirigida por José Castilho Marques Neto, logo depois de apresentado como dissertação de mestrado em filosofia na Faculdade de Filosofia, Letras e Ciências Humanas da Universidade de São Paulo, orientada pela professora Otília Beatriz Fiori Arantes.

Embora a edição tenha se esgotado há bastante tempo, o livro continua circulando em cópias até hoje. Reaparece agora sem modificações, apenas com as correções óbvias, pois, mesmo que de lá para cá o tropicalismo tenha sido alvo de muita discussão, de artigos e teses acadêmicas, penso que a interpretação proposta permanece sugestiva. Evidentemente, seria possível desenvolvê-la, talvez matizar alguns aspectos, ampliar o alcance das questões e reavaliar o alcance cultural e as recentes reapropriações do tropicalismo. Mas isto implicaria escrever outro livro. Assim, fica como surgiu, inclusive como marca do processo de revisão dos projetos culturais e práticas artísticas dos anos 1960 que, no final dos 1970, levaram à devida valorização do tropicalismo.

Reitero, nesta nova edição, os agradecimentos aos amigos que, durante a elaboração do trabalho, contribuíram de maneira diversa: muito especialmente, a João Adolfo Hansen e Leon Kossovitch, pela decisiva colaboração na configuração da teoria, análise das canções e finalização do texto; a Arno R. von Büettner, em elementos musicais específicos; a Elisa Angotti Kossovitch, Flávia dos Santos Aidar, Gilberto Vasconcelos e Ricardo Ribenboim, pelo suporte técnico.

Outubro de 1995

SURGIMENTO:
UMA EXPLOSÃO COLORIDA

"O tropicalismo surgiu mais de uma preocupação entusiasmada pela discussão do novo do que propriamente como um movimento organizado."[1] Em outubro de 1967, quando *Alegria, Alegria* e *Domingo no Parque* foram lançadas no III Festival da Música Popular Brasileira, da TV Record de São Paulo, não se apresentavam como porta-vozes de qualquer movimento. Contudo, destoavam das outras canções por não se enquadrarem nos limites do que se denominava MMPB (Moderna Música Popular Brasileira). Ao público consumidor desse tipo de música – formado preponderantemente por universitários – tornava-se difícil reconhecer uma postura política participante ou certo lirismo, que davam a tônica à maior parte das can-

---

1. Cf. entrevista de Gilberto Gil a Augusto de Campos, *Balanço da Bossa*, 2. ed., São Paulo, Perspectiva, 1974, p. 193; Frederico Morais, *Artes Plásticas: A Crise da Hora Atual*, Rio de Janeiro, Paz e Terra, 1975, p. 98.

ções da época. A novidade – o moderno de letra e arranjo –, mesmo que muito simples, foi suficiente para confundir os critérios reconhecidos pelo público e sancionados por festivais e crítica. Segundo tais critérios, que associavam a "brasilidade" das músicas dos festivais à carga de sua participação político-social, as músicas de Caetano e Gil eram ambíguas, gerando entusiasmos e desconfianças. Acima de tudo, esta ambiguidade traduzia uma exigência diferente: pela primeira vez, apresentar uma canção tornava-se insuficiente para avaliá-la, exigindo-se explicações para compreender sua complexidade. Impunha-se, para crítica e público, a reformulação da sensibilidade, deslocando-se, assim, a própria posição da música popular, que, de gênero inferior, passaria a revestir-se de dignidade – fato só mais tarde evidenciado.

A marchinha *pop Alegria, Alegria* denotava uma sensibilidade moderna, à flor da pele, fruto da vivência urbana de jovens imersos no mundo fragmentário de notícias, espetáculos, televisão e propaganda. Tratava, numa linguagem caleidoscópica, de uma vida aberta, leve, aparentemente não empenhada. Tais problemas, enunciados de forma gritante em grande número de canções da época, articulavam-se à maneira de fatos virados notícias. Através de procedimento narrativo, as descrições de problemas sociais e políticos, nacionais ou internacionais, misturavam-se a índices da cotidianeidade vivida por jovens de classe média, perdendo, assim, o caráter trágico e agressivo. A tranquilidade do acompanhamento dos Beat Boys e da interpretação de Caetano reforçava tal neutralização, surpreendendo um público habituado a vibrar com declarações de posição frente à miséria e à violência. Ambígua, a música de Caetano intrigava; em sua aparente neutralidade, as conotações políticas e sociais não tinham relevância maior que Brigitte Bardot ou a Coca-Cola, saltando estranhamente da multiplicidade dos fatos narrados. Através da operação que realizava, a linguagem transparente de *Alegria, Alegria* fazia que a audição do ouvinte deslizasse da distração ao estranhamento.

Assim, *Alegria, Alegria* apresenta uma das marcas que iriam definir a atividade dos tropicalistas: uma relação entre fruição estética e crítica social, em que esta se desloca do tema para os processos construtivos. Na linha da modernidade, esta tendência *cool* das canções tropicalistas trata o social sem o *pathos* então vigente. Nesta primeira música tropicalista, surpreendem-se – no procedimento de enumeração caótica e de colagem, tanto na letra quanto no arranjo – indicações certeiras do processo de desconstrução a que o tropicalismo vai submeter a tradição musical, a ideologia do desenvolvimento e o nacionalismo populista. Nos versos: "uma canção me consola" e "no coração do Brasil" – o primeiro, uma reminiscência ambígua do iê-iê-iê: dívida de amor à primeira ruptura no círculo bem-comportado da música brasileira e, ao mesmo tempo, reconhecimento das implicações românticas e industriais daquele movimento; o segundo, uma imagem complexa que ressalta alegoricamente as assincronias do país – tais indicações são marcantes. A canção produz uma sensação indefinida, pois nela não fala um sujeito que deteria, por exemplo, a verdade sobre o Brasil, mas uma deriva que dissolve o sujeito enquanto o multiplica.

Domingo no Parque, de Gilberto Gil, causou impacto pela complexidade construtiva, mais aparente que em *Alegria, Alegria*. O forte da música é o arranjo que ele e Rogério Duprat realizaram, segundo uma concepção cinematográfica, assim como a interpretação contraponteada de Gil. Aquilo que poderia tornar-se apenas a narração de uma tragédia amorosa, vivida em ambiente popular, tornou-se uma *féerie* em que letra, música e canto compõem uma cena de movimentos variados, à imagem da festa sincrética que é o parque de diversões. O processo de construção lembra as montagens eisensteinianas; letra, música, sons, ruídos, palavras e gritos são sincronizados, interpenetrando-se como vozes em rotação. Gil e Duprat construíram uma *assemblage* de fragmentos documentais: ruídos de parque, instrumentos clássicos, berimbau, instrumentos elétricos, acompanhamento coral[2]. Esse procedimento musical conota algo do atonalismo sobreposto a desenvolvimentos sinfônicos atuais. Como *Alegria, Alegria*, a música de Gil define um procedimento de mistura, próprio da linguagem carnavalesca, associado à prática antropofágica oswaldiana.

As músicas de Caetano e Gil, apesar do impacto, não foram as vencedoras do festival, ficando, respectivamente,

---

2. Cf. Augusto de Campos, *op. cit.*, p. 154.

em quarto e segundo lugar. As classificadas em primeiro e terceiro foram *Ponteio*, de Edu Lobo, e *Roda Viva*, de Chico Buarque de Holanda – músicas mais conteudísticas, mais próximas do gosto e dos critérios do sistema dos festivais, em que o arranjo servia de acompanhamento ou de reforço de uma "mensagem". O festival foi o ponto de partida de uma atividade que logo seria denominada tropicalismo. A polêmica que havia cercado a apresentação das músicas transformaria Caetano e Gil em astros. A imprensa se encarregou de fazer de suas declarações desabusadas, de sua verve crítica, o prenúncio de uma posição artística, e mesmo política, sincronizada com comportamentos da juventude de classe média, vagamente relacionada ao movimento *hippie*. A onda era reforçada pelo trabalho de *marketing* do empresário Guilherme Araújo e aceita pelos, agora, tropicalistas. O tropicalismo surgiu, assim, como moda; dando forma a certa sensibilidade moderna, debochada, crítica e aparentemente não empenhada. De um lado, associava-se a moda ao psicodelismo, mistura de comportamentos *hippie* e música *pop*, indiciada pela síntese de som e cor; de outro, a uma revivescência de arcaísmos brasileiros, que se chamou de "cafonismo". Os tropicalistas não desdenharam este aspecto publicitário do movimento; sem preconceitos, interiorizaram-no em sua produção, estabelecendo assim uma forma específica de relacionamento com a indústria da canção. Sobre esta versão do nascimento do tropicalismo, disse Gilberto Gil:

Na verdade, eu não tinha nada na cabeça a respeito do tropicalismo. Então a imprensa inaugurou aquilo tudo com o nome de tropicalismo. E a gente teve que aceitar, porque tava lá, de certa forma era aquilo mesmo, era coisa que a gente não podia negar. Afinal, não era nada que viesse desmentir ou negar a nossa condição de artista, nossa posição, nosso pensamento, não era. Mas a gente é posta em certas engrenagens e tem que responder por elas[3].

A aceitação das solicitações do estrelato, sentida de início como uma necessidade não apenas comercial, levou-os a um ponto insuportável. Caetano e Gil, encerrado o movimento, consideraram aquele período como angustiante, devido às múltiplas solicitações do sucesso. Entretanto, não menosprezaram a importância de terem entrado em todas as estruturas, como disse Caetano Veloso no discurso *happening* que fez no III Festival Internacional da Canção, quando ele e Gil viram suas músicas rejeitadas pela repressão do público e do júri.

Desde o lançamento de *Alegria, Alegria* e *Domingo no Parque*, e mesmo antes, o trabalho de Caetano e Gil vinha tendo uma outra dimensão, responsável pela virada da música popular brasileira. Trabalhando criticamente o acontecido nos festivais, delinearam, com outros artistas, uma posição cultural de revisão das manifestações críticas, decorrentes do golpe de 1964. Tal atitude, após um primeiro momento de oposição à situação cultural e tentativas

---

[3]. *História da Música Popular Brasileira*, São Paulo, Abril Cultural, 1971, fasc. 30, p. 10.

de reformulação dos processos de análise e compreensão da nova realidade, desembocava numa exigência de violência, visando à anulação das respostas anteriores, no esforço de partir do zero para uma reconstrução[4]. O tropicalismo resultou dessa radicalização, sendo, talvez, o movimento que melhor exprimiu os impasses da *intelligentsia* brasileira.

Procurando articular uma nova linguagem da canção a partir da tradição da música popular brasileira e dos elementos que a modernização fornecia, o trabalho dos tropicalistas configurou-se como uma desarticulação das ideologias que, nas diversas áreas artísticas, visavam a interpretar a realidade nacional, sendo objeto de análises variadas – musical, literária, sociológica, política. Ao participar de um dos períodos mais criativos da sociedade, os tropicalistas assumiram as contradições da modernização, sem escamotear as ambiguidades implícitas em qualquer tomada de posição. Sua resposta à situação distinguia-se de outras da década de 1960, por ser autorreferencial, fazendo incidir as contradições da sociedade nos seus procedimentos. Empregava as produções realizadas ou em processo, pondo-as em recesso, deslocando-as de modo a subtrair sua prática à redução a um momento particular do processo de evolução das formas existentes, com o que fica marcada uma posição de ruptura.

Quando justapõe elementos diversos da cultura, ob-

---

4. Cf. "As Marcas da Inocência Perdida", *Visão*, 1.3.1968, p. 46.

tém uma suma cultural de caráter antropofágico, em que contradições históricas, ideológicas e artísticas são levantadas para sofrer uma operação desmistificadora. Esta operação, segundo a teorização oswaldiana, efetua-se através da mistura dos elementos contraditórios – enquadráveis basicamente nas oposições arcaico-moderno, local-universal – e que, ao inventariá-las, as devora. Este procedimento do tropicalismo privilegia o efeito crítico que deriva da justaposição desses elementos.

A singularidade do tropicalismo provinha, além disso, da maneira como se aproximava da realidade nacional. Diferentemente dos demais movimentos da época, que tratavam referencialmente este tema, os tropicalistas acabaram por esvaziá-lo, enquanto operavam uma descentralização cultural. Realidade nacional não passava, no entanto, de uma expressão abstrata, codificação ideal de uma situação histórica heteróclita, construída para alimentar uma utopia em que se desfariam as contradições de toda ordem, ou, pelo menos, o desejo de uma ordem justa[5]. O

---

5. Cf. Luiz Carlos Maciel, "O Esvaziamento da Realidade", *Folha de S. Paulo*, Folhetim, 27.2.1977. Cf., também, o depoimento de Gilberto Gil: "Acho que o tropicalismo foi até certo ponto revolucionário. Porque ele virava a mesa, ele tentava virar a mesa bem-posta, uma mesa de um certo banquete aristocrático da inteligência brasileira de então, que tinha escolhido certos pratos e tal. E o tropicalismo de uma certa forma abastardava esse banquete, a gente trazia um dado muito plebeu, que era o dado assim da visão de descontinuidade do processo cultural, uma visão do processo cultural como um processo extensivo, e não centralizado. Como um processo radiante, e não aglutinante. Quer dizer, era um processo de

contexto é articulado nas produções tropicalistas através da justaposição de diversos discursos que o tomam como referência; de várias proveniências artísticas e críticas, essas mensagens se interpenetram constituindo um conjunto plurissignificante – este, contudo, não constitui um estilo. O cafonismo e o humor, responsáveis pelo caráter lúdico das canções tropicalistas, mais que efeito, são, antes, práticas construtivas. Caetano Veloso assim se expressou, na conhecida entrevista em que define o tropicalismo:

> Eu e Gil estávamos fervilhando de novas ideias. Havíamos passado um bom tempo tentando aprender a gramática da nova linguagem que usaríamos, e queríamos testar nossas ideias, junto ao público. Trabalhávamos noite adentro, juntamente com Torquato Neto, Gal, Rogério Duprat e outros. Ao mesmo tempo, mantínhamos contatos com artistas de outros campos, como Glauber Rocha, José Celso Martinez, Hélio Oiticica e Rubens Gerchman. Dessa mistura toda nasceu o tropicalismo, essa tentativa de superar nosso subdesenvolvimento partindo exatamente do elemento "cafona" da
>
> difusão de vários caminhos e não um caminho só. A isso tudo eu chamo de visão plebeia, em relação à visão aristocrata da manutenção dos valores tradicionais. Então o tropicalismo foi revolucionário nesse sentido. E quando estou falando nessa coisa, visão tradicional, valores etc., eu estou falando em relação à arte, quer dizer, esse banquete aristocrático, que eu estou falando, é exatamente em relação aos valores da arte, à discussão música brasileira, música popular, samba. O que é popular, o que não é popular, elétrico e não elétrico. Aquelas coisas todas que se discutiu na época. Vulgar e não vulgar, político e não político, alienado e não alienado. Todo aquele mundo de conceitos, que, aliás, são ainda hoje manipulados pela imprensa. O repertório continua o mesmo" (*Fatos & Fotos*, Gente, n. 838, set. 1977).

nossa cultura, fundido ao que houvesse de mais avançado industrialmente, como as guitarras e as roupas de plástico. Não posso negar o que já li, nem posso esquecer onde vivo[6].

A mistura tropicalista notabilizou-se como uma forma *sui generis* de inserção histórica no processo de revisão cultural, que se desenvolvia desde o início dos anos 1960. Os temas básicos dessa revisão consistiam na redescoberta do Brasil, volta às origens nacionais, internacionalização da cultura, dependência econômica, consumo e conscientização. Tais preocupações foram responsáveis pelo engajamento de grande parte dos intelectuais e dos artistas brasileiros na causa da construção de um Brasil novo, através de diversas formas de militância política. Os movimentos artísticos mais significativos foram: os de cultura popular, como o CPC da UNE, em que, além de estudantes, se engajaram poetas, cineastas e teatrólogos; espetáculos mistos de teatro, música e poesia, como os do Grupo Opinião; o Cinema Novo; Teatro de Arena e Oficina; a poesia participante de Violão de Rua e alguns romances como *Quarup*, de Antônio Callado, e *Pessach* de Carlos Heitor Cony. Estas produções se dirigiam a um público intelectualizado de classe média, principalmente estudantes e artistas.

A pesquisa desses grupos era suplantada pelo imperativo de falar do país. Não havia, assim, interesse pelo

---

6. *Realidade*, ano III, n. 33, dez. 1968, p. 197, texto de Décio Bar, "Acontece que Ele É Baiano".

experimentalismo, e sim pelo estabelecimento de uma linguagem adequada à conscientização do público. Naquele tempo "a realidade rompia as formas, pondo à mostra o caráter político, interessado, dos valores sociais", como disse Ferreira Gullar[7]. A atividade desses grupos era apaixonada, sendo frequentemente maniqueísta. Manteve acesa, durante toda a década, uma polêmica de grande alcance cultural, em torno da oposição entre arte alienada e arte participante. Havia agressividade, quando não desprezo, contra as tendências experimentalistas, assim como uma recusa da importação de formas, ritmos e estilos. Embora matizada, a atitude desses grupos gerou uma forma de consciência participante, um público esclarecido, politicamente avançado, que se distinguia, maniqueisticamente, de uma pequena elite, considerada reacionária, por ser formalista.

O tropicalismo nasceu dessas discussões, que já se exauriam, inclusive por força da repressão. Propunha outro tipo de discussão, substancialmente distinta das anteriores como tática cultural, como proposta ideológica e relacionamento com o público. Era uma posição definidamente artística, musical. Rearticulando uma linha de tradição abandonada desde o início da década, retomando pesquisas do modernismo, principalmente a antropofagia

---

7. Cf. *Visão*, 11.3.1974, p. 139. Nesta matéria, "Da Ilusão do Poder a uma Nova Realidade", há um inventário das posições estéticas do período 1964--1974, que retoma e complementa os balanços feitos em 1968, 1972 e 1973, na mesma revista.

oswaldiana, rompeu com o discurso explicitamente político, para concentrar-se numa atitude "primitiva", que, pondo de lado a "realidade nacional", visse o Brasil com olhos novos. Confundindo o nível em que se situavam as discussões culturais, o tropicalismo deu uma resposta desconcertante à questão das relações entre arte e política.

A MISTURA TROPICALISTA

Ingredientes da Mistura Tropicalista

> *Não posso negar o que já li, nem posso esquecer onde vivo.*
> *Nego-me a folclorizar meu subdesenvolvimento para compensar as dificuldades técnicas.*
>
> Caetano Veloso[1]

O procedimento inicial do tropicalismo inseria-se na linha da modernidade: incorporava o caráter explosivo do momento às experiências culturais que vinham se processando; retrabalhava, além disso, as informações então vividas como necessidade, que passavam pelo filtro da importação. Este trabalho consistia em redescobrir e criticar a tradição, segundo a vivência do cosmopolitismo

---

1. Cf. depoimento a Décio Bar (*Realidade*, dez. 1968, p. 197) e a Carlos Acuio (*Manchete*, 16.12.1967, p. 23).

dos processos artísticos, e a sensibilidade pelas coisas do Brasil. O que chegava, seja por exigência de transformar as linguagens das diversas áreas artísticas, seja pela indústria cultural, foi acolhido e misturado à tradição musical brasileira. Assim, o tropicalismo definiu um projeto que elidia as dicotomias estéticas do momento, sem negar, no entanto, a posição privilegiada que a música popular ocupava na discussão das questões políticas e culturais. Com isto, o tropicalismo levou à área da música popular uma discussão que se colocava no mesmo nível da que já vinha ocorrendo em outras, principalmente o teatro, o cinema e a literatura. Entretanto, em função da mistura que realizou, com os elementos da indústria cultural e os materiais da tradição brasileira, deslocou tal discussão dos limites em que fora situada, nos termos da oposição entre arte participante e arte alienada. O tropicalismo elaborou uma nova linguagem da canção, exigindo que se reformulassem os critérios de sua apreciação, até então determinados pelo enfoque da crítica literária. Pode-se dizer que o tropicalismo realizou no Brasil a autonomia da canção, estabelecendo-a como um objeto enfim reconhecível como verdadeiramente artístico.

O tropicalismo efetuou a síntese de música e poesia, relação que vinha se fazendo desde o modernismo, embora raramente conseguida, pois a ênfase recaía ora sobre o texto ora sobre a melodia. Por ser inseparavelmente musical e verbal, é difícil tanto compor a canção como analisá--la. Ela remete a diferentes códigos e, ao mesmo tempo, apresenta uma unidade que os ultrapassa: como não é um poema musicado, o texto não pode ser examinado em si, independentemente da melodia – se isso for feito, pode-se ter, quando muito, uma análise temática. A música, por sua vez, é refratária a uma análise de tipo linguístico, pois a melodia não apresenta unidades significativas, semânticas. Além disso, a canção comporta o arranjo, o ritmo e a interpretação vocal, que se inserem em gêneros, estilos e modas, dificultando a definição de uma unidade. A mudança de um desses elementos por si só pode configurar a passagem de um estilo, ou mesmo gênero, a outro[2]. Veja-se, a propósito, como a simples introdução da guitarra elétrica nos acompanhamentos de *Alegria, Alegria* e *Domingo no Parque* desencadeou a hostilidade contra Caetano e Gil, como se realmente estivesse em questão a integridade da música brasileira. Desta forma, o desenvolvimento do uso dos instrumentos eletrônicos nos arranjos posteriores assim como a exploração de possibilidades vocais lancinantes por Gil e Gal, embora não representassem novidade, tiveram importância decisiva na modificação da forma da canção no Brasil.

A canção tropicalista também se singulariza por integrar em sua forma e apresentação recursos não musicais – basicamente a *mise en scène* e efeitos eletrônicos (microfone, alta-fidelidade, diversidade de canais de gravação,

---

2. Edgar Morin, "Não se Conhece a Canção", *Linguagem da Cultura de Massa: Televisão e Canção*, Petrópolis, Vozes, 1973, pp. 145 e ss.

sonoridades estranhas) que ampliavam as possibilidades do arranjo, vocalização e apresentação. Caetano, por exemplo, no lançamento do disco *Tropicália*, travestiu-se, aparecendo de boá cor-de-rosa; para defender *É Proibido Proibir* usou roupas de plástico colorido, colares de macumba, enquanto um *hippie* americano promovia um *happening*, emitindo urros e sons desconexos. Também no programa Divino Maravilhoso, da TV Tupi, aconteciam coisas estranhas, que assustavam o público: organizavam-se ceias na beira do palco enquanto Gil cantava *Ora pro Nobis*, Caetano apontava um revólver para a plateia enquanto cantava música de Natal, e até mesmo um velório chegou a ser organizado, com o descerramento de uma placa com o epitáfio *Aqui jaz o tropicalismo* – o que, aliás, mais que um lance de humor e auto-ironia, indiciava lucidez quanto aos limites do movimento como manifestação de vanguarda[3]. "A roupa" – disse Caetano – "combinava com a música e era diferente; refletindo o brilho dos refletores, criava um clima para o som"; a combinação do plástico (material industrial) com adereços de macumba funcionava como "um lembrete do nosso subdesenvolvimento". E o *hippie* Johnny Grass assim considerava sua interpretação: "Sou um instrumento, não um cantor. Tenho a responsabilidade de entrar na hora certa e lançar sons que nem os instrumentos de sopro tiram"[4].

---

3. Cf. *Manchete*, 18.10.1975, p. 80.
4. Cf., respectivamente, *Veja*, n. 10, nov. 1968, e n. 7, out. 1968.

Estes recursos permitiam enfatizar o efeito *cafona* e o humor, contribuindo para o impacto das construções paródico-alegóricas, essenciais à constituição das imagens tropicalistas. Com eles, o tropicalismo reentronizava o corpo na canção, remetendo-a ao reencontro com a dimensão ritual da música, exaltando o que de afeto nela existe. Corpo, voz, roupa, letra, dança e música tornaram-se códigos, assimilados na canção tropicalista, cuja introdução foi tão eficaz no Brasil que se tornou uma matriz de criação para os compositores que surgiram a partir dessa época. Caetano e Gil, principalmente o primeiro, não mais abandonaram esta orientação, fazendo do corpo, no palco e no cotidiano, uma espécie de escultura viva[5].

5. "Caetano percebeu esse caráter contraditório e sintético que estava sendo apresentado pela arte de Glauber ou de José Celso, de Hélio Oiticica ou de Rubens Gerchman, e quis que seu *corpo*, qual peça de escultura, no cotidiano e no palco, assumisse a contradição, se metamorfoseasse na contradição que era falada ou encenada pelos outros artistas, mas nunca vivida por eles. Quis que seu corpo, pelo seu aspecto plástico, cativasse o público e que fosse ele a imagem viva da sua mensagem artística [...]. Caetano trouxe para a arena da rua e do palco o próprio corpo e deu o primeiro passo para ser superastro por excelência das artes brasileiras. O corpo é tão importante quanto a voz; a roupa é tão importante quanto a letra; o movimento é tão importante quanto a música. O corpo está para a voz assim como a roupa está para a letra e a dança para a música. Deixar que os seis elementos não trabalhem em harmonia [...] mas que se contradigam em toda sua extensão, de tal modo que se crie um estranho clima lúdico, permutacional, como se o cantor no palco fosse um quebra-cabeça que só pudesse ser organizado na cabeça dos espectadores. Criando de número para número, Caetano preenchia de maneira inesperada as seis categorias com que trabalhava: corpo, voz,

A incorporação desses elementos não musicais provinha do trabalho conjunto que os tropicalistas realizaram com Glauber Rocha, Hélio Oiticica, Rubens Gerchman, Lygia Clark, José Celso. A esse trabalho somavam-se as contribuições dos músicos de vanguarda, dos poetas concretos e da música *pop*. Como disse Caetano Veloso, da mistura disso tudo nasceu o tropicalismo; contudo, importa assinalar que nasceu não apenas como proposta cultural, efetuada em termos antropofágicos, mas materializado no corpo da canção, de cada canção.

Voltando à questão essencial, é no encontro de música e poesia ou, melhor, entre melodia e texto que o tropicalismo fez a revisão da tradição musical brasileira, para o que muito contribuíram: a formação literária de seus integrantes (Drummond, João Cabral, Guimarães Rosa, Clarice Lispector e, depois, Oswald de Andrade e a poesia concreta); a vivência musical variada (desde os ritmos regionais, as manifestações folclóricas e a música urbana, Beatles e Bob Dylan, *jazz* e bossa nova até música de vanguarda); e o conhecimento dos trabalhos de teatro, cinema e artes plásticas. O resultado deste trabalho antropofágico levou a um redimensionamento da estrutura da canção, não podendo ser entendido como simples influência ou adaptação de códigos ou estilos.

roupa, letra, dança, música" (Silviano Santiago, "Caetano Veloso, os 365 Dias de Carnaval", *Cadernos de Jornalismo e Comunicação*, n. 40, jan.-fev. 1973, p. 53).

Os tropicalistas realizaram a vinculação de texto e melodia, explorando o domínio da entoação, o deslizar do corpo na linguagem, a materialidade do canto e da fala, operados na conexão da língua e sua dicção, ligados ao infracódigo dos sons que subjazem à manifestação expressiva. No canto brilham significações que provêm da fricção da língua com a voz, numa atividade em que a melodia trabalha a língua, ocupando suas diferenças, "dizendo" o que ela não diz. É um jogo estranho à comunicação, à representação dos sentimentos, enfim, à expressão – feito do fluxo das durações, intensidades e pulsações, presentificando o corpo no sistema de diferenças (descontinuidades) que constitui a língua. Pela entoação, inflexões e gestos vocais, o canto intensifica o desejo, ressaltando também o ritual na música, manifestado na dança e no sexo – e é aqui que melhor se apreende a relação entre o erótico e o político. Esta inscrição do corpo na substância viva do som tensiona a língua cantada, levando ao ultrapassamento dos fenômenos decorrentes de sua estrutura, como estilos de interpretação, idioletos dos compositores, mudanças rítmicas, variações de timbres[6]. Sob este ângulo, as canções tropicalistas adquirem grande importância, pois provocam um curto-circuito na estrutura da canção até então praticada, originando um movimento de renovação que não mais cessou.

---

6. Cf. Roland Barthes, "Le grain de la voix", *Musique en jeu*, n. 9, 1972, p. 59; e José Miguel Wisnik, "Onde Não Há Pecado Nem Perdão", *Almanaque*, n. 6, 1978, pp. 12-13.

O trabalho dos tropicalistas aguçou e explicitou a função crítica da produção artística: apontou, conforme afirmou Caetano Veloso, para a "necessidade de que cada gesto, cada modo de se apresentar, cada arranjo, cada instrumento escolhido, opinassem sobre o panorama geral da música popular no país"[7]. O conhecimento do Brasil proposto pelo tropicalismo volta-se simultaneamente para a tradição e o presente e vincula-se a esta forma crítica de compor e cantar. A importância que atribuíram à reinterpretação de compositores e cantores da tradição musical brasileira – alguns totalmente esquecidos; outros, mais recentes, considerados apenas comerciais pela crítica, e outros ainda estrangeiros, que marcaram o gosto do público e influenciaram a música popular brasileira – decorre desse fato. O conhecimento das contradições brasileiras é operado indiretamente pela metamorfose dessas contradições em estrutura de canção. Assim, ao desatualizarem interpretações tradicionais, como, por exemplo, as de Orlando Silva, Roberto Carlos e Simonal, os tropicalistas não só os reinterpretaram, mas propuseram uma crítica de estilemas culturais. Ouçam-se, a propósito, as citações de Caetano em *Paisagem Útil*, *Alegria, Alegria*, *Tropicália*, dentre outras. Tal trabalho prossegue com outros cantores e compositores, além de Caetano e Gil, obedecendo ao caminho rasgado por Caetano Veloso antes mesmo

---

7. Cf. entrevista de Caetano Veloso a José Miguel Wisnik, "Oculto e Óbvio", *Almanaque*, n. 6, 1978, p. 8.

do surgimento do tropicalismo, conforme a declaração, extraída de um debate promovido pela *Revista Civilização Brasileira*, em 1966:

> A questão da música popular brasileira vem sendo posta ultimamente em termos de fidelidade e comunicação com o povo brasileiro. Quer dizer: sempre se discute se o importante é ter uma visão ideológica dos problemas brasileiros, e se a música é boa, desde que exponha bem essa visão; ou se devemos retomar ou apenas aceitar a música primitiva brasileira. A única coisa que saiu neste sentido – o livro do Tinhorão – defende a preservação do *analfabetismo* como a única salvação da música popular brasileira. Por outro lado se resiste a esse "tradicionalismo" – ligado ao analfabetismo defendido por Tinhorão – com uma modernidade de ideia ou de forma como melhoramento qualitativo. Ora, a música brasileira se moderniza e continua brasileira, à medida que toda informação é aproveitada (e entendida) da vivência e da compreensão da realidade brasileira. Realmente, o mais importante no momento [...] é a criação de uma organicidade de cultura brasileira, uma estruturação que possibilite o trabalho em conjunto, inter-relacionando as artes e os ramos intelectuais. Para isto, nós da música popular devemos partir, creio, da compreensão emotiva e racional do que foi a música popular brasileira até agora; devemos criar uma possibilidade seletiva como base de criação. Se temos uma tradição e queremos fazer algo de novo dentro dela, não só teremos de senti-la, mas conhecê-la. E é este conhecimento que vai nos dar a possibilidade de criar algo novo e coerente com ela. Só a retomada da *linha evolutiva* pode nos dar uma organicidade para selecionar e ter um julgamento de criação. Dizer que samba só se faz com frigideira, tamborim e um violão, sem sétimas e nonas, não resolve o problema. Paulinho da Viola me falou há alguns

dias da sua necessidade de incluir contrabaixo e bateria em seus discos. Tenho certeza que, se puder levar essa necessidade ao fato, ele terá contrabaixo, violino, trompa, sétimas e nonas e tem samba. Aliás, João Gilberto para mim é exatamente o *momento* em que isto aconteceu: a informação da modernidade musical utilizada na recriação, na renovação, *no dar um passo à frente* da música popular brasileira, deverá ser feita na medida em que João Gilberto fez. [...] Não me considero saudosista e não proponho uma volta àquele momento e sim uma retomada das melhores conquistas (as mais profundas) desse momento. Maria Bethânia cantando *Carcará* sugere esta retomada. E é a *estridência*, o *grito*[8].

O problema básico que o tropicalismo se colocou foi o da situação da canção no Brasil. Tanto a retomada da linha evolutiva aberta pela bossa nova como a inclusão das informações da modernidade punham em crise o "nível médio" em que se encastelara a produção musical; além disso, este projeto tomou a forma de uma estratégia cultural mais ampla, definindo uma postura política singular, intrínseca à estrutura da canção. Reinterpretar Lupicínio Rodrigues, Ary Barroso, Orlando Silva, Lucho Gatica, Beatles, Roberto Carlos, Paul Anka; utilizar-se de colagens, livres associações, procedimentos *pop* eletrônicos, cinematográficos e de encenação; misturá-los, fazendo-os perder a identidade, tudo fazia parte de uma experiência radical da geração de 1960, em grande parte do mundo

---

8. "Que Caminho Seguir na Música Popular Brasileira?", *RCB*, n. 7, 1966, pp. 377-378.

ocidental. O objetivo era fazer a crítica dos gêneros, estilos e, mais radicalmente, do próprio veículo, e da pequena burguesia que vivia o mito da arte. Em nenhum momento os tropicalistas perderam de vista o seu objetivo básico: desde o simples uso de instrumentos eletrônicos, ruídos e vozes em *Alegria, Alegria* e *Domingo no Parque*, o emprego de recursos aleatórios e seriais, a incorporação do grito por Gal Costa e até a trituração da melodia por Gilberto Gil, mantiveram-se fiéis à linha evolutiva, reinventando e tematizando criticamente a canção. As últimas músicas do período heroico do movimento atestam esta coerência: *Questão de Ordem*, *Divino Maravilhoso*, *Cultura e Civilização*, *Cinema Olímpia* e *Objeto Não Identificado* são exemplos significativos. Nesta última, inclusive, tematizam-se as diversas dimensões da canção e mesmo a sua destinação – o iniludível envolvimento comercial. Crítica da musicalidade e autocrítica jamais se desligaram no tropicalismo. Encerrado o movimento, com a prisão de Caetano e Gil, as reinterpretações e as experimentações são intensificadas a partir do exílio londrino. *Araçá Azul*, LP de Caetano Veloso lançado em 1973, é a síntese de todos os roteiros abertos pelo tropicalismo, que, levados às últimas consequências, esgotam o período da experimentação.

O passo à frente de Caetano Veloso obteve elementos fundamentais na colaboração com os músicos de vanguarda de São Paulo, especialmente Rogério Duprat. A experimentação que estes realizavam com música aleatória, concreta e eletrônica, desde o início da década, centrava-se em pesquisa de novos materiais, a relação entre música de vanguarda e música tradicional e relações dessas pesquisas com o sistema de produção-consumo. Suas atividades ultrapassaram a área musical: levados pela necessidade de invenção, haviam chegado ao *happening* e, integrados aos esforços de atualização cultural do Brasil, haviam tentado uma experiência de ensino na Universidade de Brasília. Quando se produziu o tropicalismo, estavam disponíveis, sem horizontes de trabalho: o encontro com Caetano e Gil foi, de lado a lado, um encontro de interesses. A área da música popular era a mais propícia para aplicar a concepção do compositor de vanguarda como "*designer* sonoro", de acordo com as atividades variadas e despreconcebidas daqueles compositores que, partindo do trabalho com música erudita, tinham passado para a pesquisa de vanguarda, dedicando-se à produção de trilhas sonoras para filmes publicitários (*jingles* e *spots*) e arranjos musicais. Trabalhavam segundo uma ideia não artesanal, voltados para o fato da urbanização e consumo, e para a renovação da tradição musical brasileira. Como os tropicalistas, preocupavam-se com a questão do nacionalismo na arte[9].

Os músicos de vanguarda e os tropicalistas realizaram um trabalho de equipe, no qual as regras eram inventadas em conjunto, não havendo imposição do material musical

---

9. Sobre a trajetória e as posições dos músicos de vanguarda, integrantes do grupo Marda, ver a entrevista de Júlio Medaglia, "Música, Não-música, Antimúsica", *O Estado de S. Paulo*, Suplemento Literário, 22.4.1967, p. 5.

pelos primeiros, como se pode depreender das canções e deste testemunho de Rogério Duprat:

> A partir do disco *Tropicália* a gente realmente se juntou pra valer. A gente trabalhava num sistema pouco convencional – em termos da relação compositor-cantor-arranjador. Eu já tinha sido arranjador, em 1961/62, fazendo os últimos ecos que podiam ter algum interesse na bossa nova. Depois disso, desinteressei-me, e todo o nosso grupo também, da música popular. Não tínhamos nada a fazer com ela. O reencontro foi através de Gil, com o *Domingo no Parque*. Por sinal, quem nos pôs em contato foi o Júlio Medaglia. Gil estava muito preocupado, porque estava querendo ter a nova ideia do que fazer. Ele não queria mais entrar num esqueminha "Fino da Bossa". Estava torturado, realmente torturado. Quando acertamos e decidimos tudo (eu havia apresentado a eles os Mutantes), não pensamos que o pessoal se sentiria tão violentado. Você lembra os mil bolos que deram nessa atitude. O pessoal começava: "Mas como, botar guitarra em festival de música popular brasileira?" – aquele negócio. A partir daí, a gente começou a trabalhar de forma muito estruturada. Eu não era um arranjador ao qual eles chegavam com a música pronta, nem eu chegava com o arranjo pronto no estúdio pra gravar. A gente se reunia, pensava muito em cada música, o que convém e o que não convém fazer, e tal. Já ouvi muita gente dizer: "Não, o mérito é seu, você é que fez os arranjos, não sei o quê. Se não fosse você pôr as coisas, e tudo mais..." Isso não é verdade, estou cansado de dizer e faço questão de insistir. Eu tinha uma experiência, não só de escriba musical – quer dizer, do cara que senta e sabe fazer bolinhas no papel – mas experiência de música erudita de vanguarda, esse negócio todo. E a gente já estava, naquele momento, com toda a misturada do consumismo na cabeça: esses papos com vocês, o pessoal do Grupo Noigandres. O Décio Pignatari, você e o Haroldo, a gente sempre

esteve muito junto. Eram esses três e mais três músicos: o Júlio Medaglia, o Cozzella e eu. Naquele momento, em que já havíamos estado em Brasília fazendo uma das últimas tentativas eruditas, e em que a gente descobriu o mundo do consumo como uma nova área a atacar, esse encontro me parecia inevitável. Então a gente reunia todo mundo. Até o Guilherme Araújo, até você esteve em reuniões desse tipo. O que vai, o que não vai, o que convém, o que não convém e tal. Naquele tempo era mais Torquato Neto; alguma coisa do Capinam[10].

Nessa colaboração, foram integrados elementos da música de vanguarda, como: materiais provenientes de dois polos de composição contemporânea – o de Boulez-Stockhausen, seguidor do rigor e do construtivismo da Escola de Viena (Schoenberg, Webern, Berg), englobando experiências de música eletrônica e aleatória (em que, no entanto, o acaso é previsto e controlado pelo compositor); e John Cage, responsável pela linha da antimúsica e do *happening*, que provocou uma brusca ruptura com os conceitos tradicionais da arte, pelo tratamento indiscriminado do material sonoro e interesse pelo consumo. Pela criação de uma sintaxe não discursiva, as duas linhas confluem na prática dessacralizadora da tonalidade, de modo semelhante ao que vinha ocorrendo na literatura, no cinema e nas artes plásticas. Finalmente, integrou-se a discussão sobre as relações entre música popular e erudita. Ignorando o conflito

---

10. *História da Música Popular Brasileira*, fasc. 30, pp. 7-8, debate com Augusto de Campos.

qualidade-quantidade, devido ao interesse de estabelecer vínculos novos com o público urbano, trabalhando dentro da relação produção-consumo, a música erudita teria muito que aprender com a popular: por exemplo, o uso da curta duração e da condensação, propostas pela tevê[11]. A entrevista explicita que esse material foi integrado devido ao interesse de atualização. Como diz Umberto Eco,

[...] se não basta a presença de um novo material para permitir a aparição de novas obras de arte esteticamente válidas, a presença de uma nova "matéria" – com sua carga de sugestões e possibilidades formativas – constitui, sem dúvida, sempre um estímulo para a invenção de novos modos de formar[12].

Para o tropicalismo, a retomada da linha evolutiva não se restringe às mudanças técnico-instrumentais; empregar os elementos indicados acima, como resposta à pressão da Jovem Guarda e dos Beatles, que evidenciaram o desgaste das formas tradicionais da música popular brasileira. Os novos materiais permitiram articular uma linguagem musical postulada tanto pelo interesse de renovar a tradição quanto de refletir sobre a situação cultural. As mudanças musicais que o tropicalismo introduziu contribuíram para a discussão dos temas básicos da década de 1960 (nacionalismo, consumo, participação), através do ataque às formas

---

11. Cf. a entrevista citada de Júlio Medaglia.
12. Umberto Eco, "Experimentalismo y Vanguardia", *La Definición del Arte*, 2. ed., Barcelona, Martínez Roca, 1972.

desgastadas da comunicação artística. Tal como se estabeleceram no período pós-64, estas contribuíam

[...] para manter um certo sistema de convenções sociais, uma certa dialética entre os sentimentos e as noções morais, e, por último, a convicção de que para cada problema, por dramático que fosse, existia uma resposta definitiva no âmbito da cultura ordenada e definida, institucionalizada de acordo com alguns princípios imutáveis, que respondiam pela ordem natural das coisas[13].

Abalando a ideologia da comunicação difundida no meio musical e no público, as inovações tropicalistas deslocaram os modos de recepção e discussão musical, redimensionando a questão da participação política na música.

O tropicalismo também integrou elementos da música *pop*, então moda mundial. A integração se deu devido à preocupação com o consumo e, acima de tudo, devido às possibilidades apresentadas pelo *pop* de, combinando-se com outros elementos, produzir efeitos artísticos de crítica à música brasileira[14]. Assim, não é adequada a ideia de que o *pop* foi integrado apenas por decorrência de sua

---

13. Umberto Eco, *op. cit.*, p. 237.
14. "Nós sentimos que o uso da guitarra não era um negócio puramente musical e sim um novo tipo de comportamento *pop* que vinha envolvendo o mundo desde 1960. Decidimos incluir em nossas atividades musicais os elementos desse novo comportamento. Não usamos a guitarra simplesmente para chatear Elis Regina, Edu Lobo ou qualquer um que pertencesse à ortodoxia musical brasileira. Queríamos mudar as coisas" (depoimento de Rogério Duprat, *Manchete*, 18.10.1975, p. 79).

irradiação internacional[15]. Esta questão não escapou aos tropicalistas, que discutiram os vários aspectos da importação cultural e sentiram a necessidade de se defender dela. Para além das determinações do mercado, sua discussão tinha outro objetivo: evidenciar os "muros do confinamento cultural brasileiro"[16]. A integração da música *pop* contribuiu para ressaltar o aspecto cosmopolita, urbano e comercial do tropicalismo e, ao mesmo tempo, comentar o arcaico na cultura brasileira. O efeito *pop* era adequado para descrever os contrastes culturais, enfatizando as descontinuidades, o absurdo e o provincianismo da vida brasileira. O *pop* foi em grande parte responsável pela vitalidade do tropicalismo, que, assim, distinguiu-se da idealização estetizante que predominava na música brasi-

---

15. Discutindo a questão do influxo externo na vida cultural brasileira, Roberto Schwarz ressaltou as ambiguidades da integração do moderno em seus trabalhos: "Nota sobre Vanguarda e Conformismo", *Teoria e Prática*, n. 2; e "Remarques sur la culture et la politique au Brésil, 1964--1969", *Les Temps Modernes*, n. 288, 1970, incluído em *O Pai de Família e Outros Estudos*, Rio de Janeiro, Paz e Terra, 1978, pp. 61 e ss. Para ele, o tropicalismo seria fruto da combinação que, nos momentos de crise, sempre se tem repetido no Brasil, entre "manifestações mais avançadas da integração imperialista internacional e da ideologia burguesa antiga mais ultrapassada". Conjugando elementos pertencentes a fases diferentes do desenvolvimento capitalista, as intenções críticas do tropicalismo seriam vítimas de inúmeras ambiguidades, principalmente pelo seu compromisso com o mercado. Diz ele que "sobre o fundo ambíguo da modernização, o limite entre a sensibilidade e o oportunismo, entre a crítica e a integração, permanece incerto".
16. Cf. as entrevistas de Caetano e Gil a Hamilton de Almeida, *O Bondinho*, n. 38 e 37, respectivamente, 1972.

leira. Combinando o folclore urbano com uma concepção dessacralizadora de arte, o *pop* se adequou à atividade desestetizada do tropicalismo.

A adequação entre a estética *pop* e a tropicalista pode ser explicitada através da caracterização de seus procedimentos. Fundamentalmente, ambas trabalham com uma concepção de objeto estético resultante da composição de montagem cubista e efeito de dessacralização dadaísta. Embora tomem temas e técnicas da indústria cultural como ponto de referência para a crítica, ambas os ultrapassam esteticamente. O que aproxima as duas estéticas é o fato de não desconhecerem os problemas da imagem – objeto tanto da modernidade artística como da indústria cultural[17]. O *pop* e o tropicalismo analisam a sociedade de consumo e sua forçosa inscrição no circuito de arte. Ao ressaltarem a efemeridade de fatos e valores e a imediatez dos projetos, maliciosamente indicam diferenciações no domínio da indústria cultural, propícias à crítica. O caráter espectral do mundo dos objetos e *gadgets* é desmontado no caleidoscópio de imagens deformadas pela operação parodística e pelo humor. Desatualizadas, as imagens passam a designar aquilo que ocultavam – os arcaísmos culturais – com o que a sua montagem resulta em alegoria.

17. Cf. J. G. Merquior, "Sentido e Problema do *Pop-Pop* e Hiper-realismo", *Formalismo e Tradição Moderna*, Rio de Janeiro/São Paulo, Forense Universitária/Edusp, 1974.

Nas sociedades dependentes o *pop* encontra uma reserva imensa de formas culturais, mimetizadas, mitificadas e instrumentalizadas, próprias para sofrer a operação de desatualização. Os tropicalistas tiraram partido dessa possibilidade: montaram uma cena com esses mitos, clichês e indefinições, constituindo-se em hipérbole do *kitsch*, submetida à devoração crítica. Essa operação produziu o efeito cafona, num lance de humor, conforme a variante *cool* do *pop*[18].

Além disso, o tropicalismo tinha em comum com o *pop* o interesse de problematizar os comportamentos e a linguagem antitradicionalistas de uma área determinada da juventude – os universitários saídos, em grande parte, da classe média. O tropicalismo não fugiu à regra: não tematizou o popular; explorou os mitos urbanos.

Finalmente, não se pode deixar de examinar as relações entre o tropicalismo e a poesia concreta, tanto no nível da teorização e organização do movimento, como no nível das letras das canções. Em diversas ocasiões, Augusto

---

18. Mesmo as pesquisas de sonorização e vocalização empreendidas pelos tropicalistas não atingiram a intensidade expressiva dos sons trágicos e lancinantes do *hard rock*. Convém lembrar, ainda, que a música tropicalista difere do teatro de José Celso, exatamente porque este fez *expressionismo pop*. O tropicalismo está mais próximo da estética do lixo, herdeira do dadaísmo. Entende-se, assim, a exploração da sensibilidade pela violência no teatro de José Celso, e a do humor na música tropicalista. Esta distinção é importante para discutir o valor puramente catártico do choque obtido por violentação física e o valor desconstrutor do estranhamento produzido pela prática tropicalista.

de Campos insistiu em esclarecer que os concretos não influíram sobre os tropicalistas a ponto de determinar os rumos do grupo baiano. Houve colaboração, como no caso das relações com os músicos de vanguarda: um encontro de interesses e, portanto, reciprocidade[19]. Caetano Veloso assim viu tal relação:

> O fato de eles terem despertado nosso interesse pra determinadas coisas deve ter, sem dúvida nenhuma, influenciado nosso trabalho, ajudado a gente a descobrir novas maneiras de colocar as formas que a gente tava querendo colocar. De uma forma ou de outra, com a experiência que eles tinham, eles nos clarearam o caminho e o trabalho deles nos liberou a imaginação pra determinados jogos formais que talvez não tivéssemos ousado. Mas a gente nunca perdeu a consciência de que são campos diferentes [...]. De certa forma, muito do que a gente fez antes de conhecê-los já era resultado de coisas que, gente como eles, eles próprios, tinham feito. Indiretamente. Porque, diretamente, o que eu fiz foi muito mais profundamente influenciado, toda aquela coisa de tropicália se formulou dentro de mim no dia em que eu vi *Terra em Transe*. [...] E também o cinema de Godard me despertou um interesse muito grande, me influenciou muito, mais do que Bob Dylan, mais do que os Beatles[20].

Assim, não é correto afirmar que os tropicalistas teriam posto em prática o projeto dos concretos; antes, que estes reconheceram no trabalho dos tropicalistas coinci-

---

19. Cf. Augusto de Campos, *op. cit.*, p. 286 e ss.; e também *História da Música Popular Brasileira*, fasc. 30, p. 8.
20. Cf. *O Bondinho*, n. 38, p. 30.

dência com o trabalho que realizavam já há uma década – o de revisão crítica da literatura e crítica literária brasileira. Ambos os movimentos coincidiram no interesse de operar na faixa do consumo e, ainda, na tentativa de criar estratégias culturais que se opusessem às das correntes nacionalistas e populistas.

Como se depreende da declaração de Caetano, antes de conhecerem a poesia concreta e Oswald de Andrade, os tropicalistas (pelo menos Caetano e Gil) tinham feito músicas que delineavam o movimento[21]. O contato forneceu-lhes os argumentos e as informações de que necessitavam para fundamentar e desenvolver o seu projeto.

A análise das letras das canções tropicalistas indica um emprego discreto dos procedimentos típicos da poesia concreta (sintaxe não discursiva, verbi-voco-visualidade, concisão vocabular). Com exceção de *Batmacumba*, o que se pode encontrar são referências literárias (citações de Oswald de Andrade e Décio Pignatari em *Geleia Geral*), uso reiterado da paródia e preocupação com a síntese – elementos, de resto, provenientes da informação moderna que os tropicalistas já possuíam, principalmente por via literária e cinematográfica. O disco *Domingo*, de Caetano e Gal, compõe-se de músicas de um lirismo sintético, sem os excessos verbais das músicas da época. Augusto

---

21. Cf. *Balanço da Bossa*, p. 204. Caetano a Augusto de Campos: "Você sabe, eu compus *Tropicália* uma semana antes de ver *O Rei da Vela*, a primeira coisa que eu conheci de Oswald".

de Campos diz que os tropicalistas empregaram processos de composição próximos aos dos poetas concretos – montagem, justaposição direta e explosiva de sonoridades vocabulares –

[...] não por influência direta da poesia concreta, mas levados pelo impulso do seu próprio comportamento criativo dentro da música popular. E se [...] parece haver uma "tropicaliança" com os concretos, o que existe não é fruto de nenhum contato ou convenção, mas simplesmente de uma natural comunidade de interesse, pois eles estão praticando no largo campo do consumo uma luta análoga à que travam os concretos, na faixa mais restrita dos produtores, em prol de uma arte brasileira de invenção[22].

O uso intencional de procedimentos concretos encontra-se multiplicado em músicas posteriores ao movimento tropicalista. Em *Acrilírico* e *Alfomega*, Caetano procede verbi-voco-visualmente manifestando o gosto plástico das sonoridades. Mas é no LP *Araçá Azul* que leva às últimas consequências o modo de formar concreto, fazendo o mesmo, aliás, quanto às experimentações musicais. Neste disco, há um refluxo do experimentalismo do movimento tropicalista; alguns procedimentos são depurados e permanecem nos discos seguintes, outros desaparecem, como se tivessem cumprido o seu percurso. As experimentações brutas, acúmulo de informações, do período heroico, são agora submetidas a um projeto de tratar rigorosamente o

---

22. Cf. Augusto de Campos, *op. cit.*, p. 293.

material vocabular e sonoro. Este disco representa para Caetano o esgotamento da necessidade experimental e a liberação definitiva para a "retomada da linha evolutiva". A partir daí Caetano passa a dar ênfase cada vez maior à reinterpretação do lirismo tradicional, segundo o seu antigo critério de seleção da tradição, ao mesmo tempo que continua a desenvolver o seu lirismo da banalidade cotidiana. *Araçá Azul* é, sem dúvida, tropicália *revisited*. Não revista e ampliada, mas retomada e clarificada[23]. Os procedimentos do tropicalismo nele estão como que analisados, distinguidos, cifrados na música título: "Araçá Azul é sonho-segredo / é brinquedo / o nome mais belo do medo".

Os fatos até agora levantados fazem entender que tropicalismo e poesia concreta convergiam na intenção de modernidade, de modo que a poesia concreta tornou-se referência obrigatória do movimento. Não vai muito além disso a relação entre os dois projetos; no nível ideológico, são bastante diferentes. Inscrevendo-se na ideologia desenvolvimentista, o movimento concreto pode ser considerado tributário de uma visão tecnocrática da cultura, quanto à sua ambição de alcançar para o país a dimensão contemporânea de linguagem, sintonizando-se com os centros internacionais produtores de arte. Entretanto, os seus princípios – racionalização, ordem e utilidade social – característicos das ideologias construtivas, ao mesmo tem-

---

23. Cf. a análise deste disco feita por Antonio Risério Filho: "O Nome mais Belo do Medo", *Minas Gerais*, Suplemento Literário, 21.7.1973, pp. 4-5.

po que se conectavam às aspirações de reforma e modernização do desenvolvimentismo, investiam uma vontade de saber que, pondo em xeque a teoria e a prática da poesia de 45 e revendo a crítica e a história literária brasileiras, provou as insuficiências da intelectualidade literária. Os concretos não se eximiram do momento político, tentando, inclusive, figurá-lo: o "salto conteudístico-participante" foi esta tentativa. O seu trabalho mais significativo deu-se na crítica e na tradução, marcando com ele sua posição na década de 1960, cobrando, de outros grupos, produções teóricas e artísticas que dessem conta de sua realidade[24].

Embora convergindo com os concretos no projeto de modernidade, os tropicalistas deles se distinguiram por não permanecerem na mera atualização exterior das formas. Internacionalistas, os concretos trataram o desenvolvimento como uma positividade, passando por cima do fato da dependência, só explorando as virtualidades da forma. Este é o seu formalismo, com que, paradoxalmente, falaram da realidade a um nível metalinguístico: "sem forma revolucionária não há arte revolucionária". Os tropicalistas, por não vincularem sua prática a nenhum esquema prévio de figuração do momento político, trataram

---

24. Para uma análise ideológica do projeto concreto, consultar: Ronaldo Brito, "As Ideologias Construtivas no Ambiente Cultural Brasileiro", em Aracy Amaral (org.), *Projeto Construtivo Brasileiro na Arte (1950-1962)*, Rio de Janeiro/São Paulo, Museu de Arte Moderna/Pinacoteca do Estado, 1977; Wilson Coutinho, "Poesia Concreta: As Ambiguidades da Ordem", *loc. cit.*; e "Poesia pelas Brechas", *Opinião*, 191, 2.7.1976.

o desenvolvimento, assim como a questão do engajamento, como integrantes de suas produções. As contradições da realidade foram articuladas numa atividade que desconstruía a ideologia dos discursos sobre o Brasil. Dessa forma, o que nos concretos era um fim em si mesmo – a linguagem absolutizada –, nos tropicalistas não passava de ingrediente. Não hipertrofiando o valor dos procedimentos, problematizaram a produção mesma.

Tropicalismo e Antropofagia

> *O tropicalismo é um neoantropofagismo.*
> Caetano Veloso

A atividade dos tropicalistas foi associada à antropofagia oswaldiana pela crítica e por eles próprios, enquanto proposta cultural e maneira de integrar procedimentos de vanguarda. A teoria e a prática da devoração, pressuposto simbólico da antropofagia, foram erigidas em estratégia básica do trabalho de revisão radical da produção cultural, empreendido pela intelectualidade dos anos 1960 e parte significativa de artistas. Frente ao clima de polarizações ideológicas a que a discussão sobre o tema do encontro cultural chegara – oscilando entre a ênfase nas raízes nacionais e na importação cultural –, a ideia de devoração foi reapresentada como forma de relativização dessas posições. O tropicalismo evidenciou o tema do encontro cultural e o conflito das interpretações, sem apresentar um projeto definido de superação; expôs as indeterminações do país, no nível da história e das linguagens, devorando-as; reinterpretou em termos primitivos os mitos da cultura urbano-industrial, misturando e confundindo seus elementos arcaicos e modernos, explícitos ou recalcados, evidenciando os limites das interpretações em curso. Segundo uma visão pau-brasil, com "olhos livres", primitivos (na verdade civilizadíssimos), apropriaram-se de materiais e formas da cultura, inventariados no tratamento artístico em que se associam uma matriz dadaísta e uma prática construtivista.

A poética do "sentido puro", da "inocência construtiva da arte", propugnada pelo Manifesto Pau-Brasil, visava à integração dos fatos da cultura – étnicos, linguísticos, culinários, folclóricos, artísticos, históricos – que compunham a "originalidade nativa" a uma perspectiva moderna, propiciada pelas técnicas de vanguarda e industrialização. Seus princípios estéticos provinham da visão pura do cubismo (a síntese, o equilíbrio geômetra, o acabamento técnico), da imaginação sem fio do futurismo, da agressividade dadaísta, da livre associação surrealista, que privilegiavam a invenção, a surpresa, as imagens-choque, a sintaxe descontínua e o humor. Implicava, também, a valorização de aspectos históricos, sociais e étnicos recalcados na produção artística e intelectual vigente. A adesão de Oswald de Andrade a esses elementos – grotescos, eróticos, obscenos, ridículos – elaborados artisticamente com ousadia formal levou à contraposição do que ele denominou "prática culta da vida" ao "lado doutor", bacharelesco, da inteligência brasileira. Esta prática conciliaria o dado local com as exigências universais do espírito moderno; tal é o sentido de sua concepção de "poesia de exportação".

O primitivismo antropofágico associava, assim, o alcance metafórico e polêmico, que a vida primitiva havia adquirido nas experiências da vanguarda europeia, a uma concepção cultural sincrética, em que as ousadias formais seriam assimiladas como sendo coerentes com as possibilidades manifestadas pela "originalidade nativa". O sentido do primitivismo ultrapassava o processo de ruptura cultural, pois configurava-se como princípio ativo da vida intelectual. Como atitude redutora, resultante da congenialidade entre os materiais e formas culturais nativas e as técnicas de vanguarda, realizava na expressão artística o mesmo acordo que se produziria na realidade, por um processo de assimilação espontânea da cultura nativa, da cultura intelectual e da tecnologia[25].

O que o tropicalismo retém do primitivismo antropofágico é mais a concepção cultural sincrética, o aspecto de pesquisa de técnicas de expressão, o humor corrosivo, a atitude anárquica com relação aos valores burgueses, do que a sua dimensão etnográfica e a tendência em conciliar as culturas em conflito. Constrói um painel em que o universo sincrético se apresenta sob a forma de um presente contraditório, grotescamente monumentalizado, como

---

25. Cf. sobre a tese da "congenialidade" do modernismo brasileiro Antonio Candido, *Literatura e Sociedade*, 3. ed., São Paulo, Nacional, 1973, p. 121.

uma hipérbole distanciada de qualquer origem. Provoca, assim, o nascimento de uma visão estranhada das manifestações culturais, que desrealiza as versões correntes dos fatos, exigindo a renovação da sensibilidade e das formas de compreensão. A "escala" tropicalista, fruto da "contemporânea expressão do mundo", faz explodir o universo monolítico erigido em "realidade brasileira" pelas interpretações nacionalistas do fenômeno do encontro cultural.

Entre o primitivismo antropofágico e o tropicalista há uma distância histórica da maior importância para a compreensão da modernidade artística no Brasil. De início, é preciso lembrar que representam os momentos terminais de inserção dos imperativos básicos da arte moderna: experimentalismo (ênfase no processo produtivo, espírito de paródia, alegorização, visão grotesca e carnavalesca do mundo); conflito entre a exigência de nacionalização estética e o cosmopolitismo da prática artística; explicitação da situação problemática da arte[26]. Esta inserção, nos dois casos, deu-se pela devoração da tensão existente entre os elementos locais e os importados, compondo projetos de ruptura cultural. Diferenciaram-se, entretanto, pela maneira e pela importância atribuídas à assimilação das técnicas de vanguarda. Neles, a relação entre a técnica e o material assumiu dimensões tão especiais a ponto de impedir generalizações como a que reduz o tropicalismo a

---

26. Cf. J. G. Merquior, *op. cit.*, pp. 77 e ss.

uma simples adaptação da teoria antropofágica à situação cultural dos anos 1960.

A concepção antropofágica de Oswald de Andrade encaminhou-se, do Manifesto Pau-Brasil ao Manifesto Antropófago e às teses filosóficas que o desenvolveram, para uma utopia social de base antropológico-metafísica, que visava a instaurar uma sociedade matriarcal tecnicista. Elabora uma perspectiva cultural mitopoética, que desemboca numa utopia de renovação global da vida individual e coletiva. Esta teorização engendrou uma "metafísica bárbara", a partir de uma generalização indevida da antropofagia ritual. Invertendo parodisticamente a filosofia de Graça Aranha – para quem era necessário, através da emoção estética, transcender o terror primitivo que prendia a imaginação brasileira aos mitos, para realizar a integração no cosmos –, a antropofagia assumia o terror primitivo. A transformação permanente do tabu em totem, seu princípio básico, só seria possível quando houvesse um vínculo orgânico entre o homem e a terra. Esse vínculo seria estabelecido pelo instinto antropofágico, origem de um "sentimento órfico", de fundo libidinal e alcance religioso. Manifestando-se como tabu supremo e interdito transcendental, o instinto antropofágico transforma-se, em seguida, em ritual que incorpora, num ato de vingança e força, a alteridade inacessível dos deuses, gerando uma imagem local deles. A técnica seria, exatamente, a revivescência dessa possibilidade antropofágica, acelerando a libertação moral e política, criando um novo estado de natureza, diferente daquele do homem primitivo, que devolveria o homem à infância da espécie[27].

Nota-se que o primitivismo da forma pura é recoberto pela "metafísica bárbara", de modo que a originalidade nativa e a técnica se fundem com a consequente naturalização da segunda. A ênfase atribuída pela poética pau-brasil aos processos artísticos de vanguarda dá lugar a vagas formulações teóricas, ao mito e ao poder encantatório da técnica. Assim, é estabelecida uma distância entre o material exposto à devoração e os procedimentos que o estetizam. Desse modo, as contradições culturais acabam sendo tratadas esteticamente, reduzindo-se ao idealismo de um *ethos* brasileiro. Por outro lado, valorizam-se a tecnologia e os procedimentos artísticos como detentores de uma virtualidade que os faz desencadeadores da crítica cultural.

Já no tropicalismo há adequação entre o material inventariado – as "relíquias do Brasil" – e sua estetização. O fundo étnico valorizado pela antropofagia aparece, aqui, sob a forma de valores da sociedade industrial, reduzidos a emblemas. As contradições culturais são expostas pela justaposição do arcaico e do moderno, segundo um tratamento artístico que faz brilhar as indeterminações históricas, ressaltar os recalques sociais e o sincretismo cultural, montando uma cena fantasmagórica toda feita de cacos.

---

27. Cf. Benedito Nunes, "Antropofagia ao Alcance de Todos", Introdução ao vol. 6 das *Obras Completas* de Oswald de Andrade, Rio de Janeiro/Brasília, Civilização Brasileira/MEC, 1972, pp. XXV e ss.

A justaposição do arcaico e do moderno não se dá apenas como tratamento moderno dos fatos arcaicos, pois ela já se encontra no material mesmo[28]. Isso se vê na crítica tropicalista, particularmente em seu procedimento estético específico, o cafonismo: ao destacar e exacerbar o mau gosto como dado primário de conduta subdesenvolvida, revela, através do corte e da amplificação dos elementos discordantes, as modalidades que caracterizam a desinformação da *intelligentsia* brasileira[29].

A distância entre as duas antropofagias é histórica; correspondeu ao processo de instauração no Brasil das propostas do modernismo e ao de revisão e crítica de suas formulações estéticas e culturais. O interesse pelo tema da originalidade nativa e a consequente reação à fascinação da cultura europeia, no modernismo, sofreram mudanças substanciais na década de 1960. As discussões sobre a originalidade da cultura brasileira foram deslocadas pelo debate sobre a indústria cultural, transferindo-se o enfoque dos aspectos étnicos para os político-econômicos; com o que o conflito entre modelos artísticos importados e formas locais passa necessariamente a fazer parte das discussões ideológicas provocadas pela situação institucional pós-1964.

---

28. Cf. Roberto Schwarz, art. cit., p. 55.
29. Cf. Zulmira R. Tavares, "Os Confins da Ignorância", *O Estado de S. Paulo*, Suplemento Literário, 24.7.1969.

A CENA TROPICALISTA

Tropicália: a Bossa, a Fossa, a Roça

> *a bossa, a fossa*
> *a nossa grande dor*
> Caetano Veloso, *Saudosismo.*

Tropicália é música inaugural; constitui a matriz estética do movimento. Pressupõe um projeto de intervenção cultural e um modo de construção que são de ruptura. Em linguagem transparente, configura um painel histórico que resulta em metaforização do Brasil. Desenha uma situação contraditória, um contexto em desarticulação, presentificando as indefinições do país, em que indiferenciadamente convivem os traços mais arcaicos e os mais modernos. Com uma operação de bricolagem, o Brasil emerge da montagem sincrônica de fatos, eventos, citações, jargões e emblemas, resíduos, fragmentos. Resulta uma imagem mítica do Brasil, grotescamente monumentalizada, que "emite acordes dissonantes", num movimento indefinido, pois, além dos atos e fatos citados, outros podem ser incluídos. Este painel funciona como um texto descritivo, feito de várias durações presentificadas, compondo uma hipérbole que se furta à experiência cotidiana do tempo e dos fatos. Por este procedimento *pop*, em que elementos temporalmente díspares são coordenados numa outra temporalidade aparentemente neutra, em que nada se diz "a favor" ou "contra", desconstrói-se a ideologia oficial que transforma as inconsistências histórico-culturais em valores folclorizados. A operação dessacralizadora provém menos das referências ao contexto que do modo de construção. A música se realiza na alternância de festa e degradação, em carnavalização e descarnavalização, que são agenciadas pela enumeração caótica das imagens na letra, entoação de Caetano e contraponto metalinguístico do arranjo de Júlio Medaglia. Estes procedimentos indiciam uma comparação implícita, que é crítica, não apenas devido a uma sátira corrosiva, mas a um simulacro de ingenuidade – ver com olhos livres, primitivos – que, nesta hipérbole distanciada, articula um ludismo. Na linha da poética pau-brasil, a música compõe-se "tecnologicamente", segundo uma forma de percepção propiciada pela vivência urbana. Coloca lado a lado os índices de arcaísmos e das poéticas de vanguarda, conforme a linguagem de mistura da carnavalização: montagem cubista, imagens surrealistas, procedimentos dadaístas e do cinema de Godard. A mistura é composta de ritmos populares brasileiros e estrangeiros, folclore, música clássica e de vanguarda, ritmos primitivos e Beatles, cancioneiro nordestino e poesia parnasiana: o bom gosto e o mau gosto, o fino e o grosso. A determinação musical básica é dada por um baião subliminar[1].

A música começa com um amontoado de sons, ruídos e dissonâncias, fingindo lembrar os trópicos virgens e luxuriantes, gerando um clima de suspense, entre o esquisito e o sinistro. Este clima "tropical" é produzido por instrumentos de percussão, usados à maneira dos instrumentos primitivos. No fundo há um batuque rítmico, coisa de negro e de índio, feito de quartos de tons, que não existem na escala tonal, típicos de instrumentos não temperados. Ocorre simultaneamente a "falação" do baterista Dirceu: uma declamação gozadora em que ele parodia a carta de Caminha: "Quando Pero Vaz Caminha descobriu que as terras brasileiras eram férteis e verdejantes, escreveu uma carta ao Rei: tudo que nela se planta, tudo cresce e floresce. E o Gauss da época gravou..."

Foi um improviso que, com sua experiência de música aleatória, Júlio Medaglia imediatamente incorporou à introdução, e que, devido às modulações da voz de deboche, deu o tom cafona da música. Este improviso provavelmente nasceu do ambiente impregnado pela invenção coletiva, que marcou o processo de realização não só desta música, como de outras dos três discos tropicalistas. Augusto de

---

1. Cf. a análise de Augusto de Campos, *op. cit.*, pp. 162-164.

Campos notou que o canto irrompe prolongando o suspense inicial, sob um cantochão puramente delineado, até atingir o ápice no "nariz", apontado fisiognomicamente "contra os chapadões". Este apontar é, em primeiro lugar, puro ato de designar, mas que também significa mirar, um tipo de enfoque, como se pode depreender do emprego da preposição "contra" e do verbo no modo indicativo. O nariz icônico transforma-se em arma: conota interferência numa ordem delimitada, conforme o clima épico do arranjo – é um clima de iminência de um acontecimento que vai se desenrolar. De fato, a música se desenvolve a seguir como evento: desdobra-se um painel brasileiro, em que se atualiza a representação de um contexto em desagregação, segundo a musicalidade que integra o ufanismo como o de Ary Barroso, samba-enredo e superprodução colorida[2]: um estilo Rádio Nacional e chanchada da Atlântida, com referência ao mau gosto. A música-acontecimento prolonga a expectativa até a inserção da palavra "carnaval", quando se resolve no baião-estribilho, que, num hino festivo, metamorfoseia o movimento. Daí em diante a estrutura da música se repete: as "convocações" quase sinistras abrem as dobras do painel das contradições do país, agenciadas por signos concretos, em que imagens surrealistas comparecem ao lado de estilemas, citações literárias e musicais emblemáticas, simulando uma festa em que se conjugam

---

2. Cf. O. C. Louzada Filho, "O Contexto Tropical", *Aparte*, n. 2, maio-jun. 1968, p. 69.

o poder e o espetáculo dos meios de comunicação. Através do pastiche, parodiam-se os mitos assimilados a um certo sentimentalismo nacionalista (incorporação de estilemas a José de Alencar, Catulo da Paixão Cearense, Olavo Bilac)[3]; expõem-se as mazelas do subdesenvolvimento; as posturas de esquerda e de direita; a ideia de uma fatalidade histórica, em forma de um "destino nacional"; o mito de que tudo se resolve em festa (o carnaval oficial, o futebol, a televisão), que preenche o cotidiano e alivia a tensão. O efeito crítico não provém da simples justaposição do arcaico e do moderno, que poderiam conviver numa desordem "mantida", mas do estilhaçamento do painel que se vai montando; indicia-se constantemente que o carnaval é suspeito e que a carnavalização da música é outra coisa, enquanto representa a representação.

O arranjo de Júlio Medaglia é extremamente funcional, pois foi criado em continuidade com a letra, não sendo, portanto, concebido como simples reforço enfático. Ele traduz o signo verbal como paródia dialogando com a interpretação "realista" de Caetano. Utilizaram-se os mais diversos instrumentos, dos clássicos aos populares, inclusive os mais próximos dos ritmos primitivos. A tônica do arranjo é dada pela percussão: mesmo os efeitos de cordas se integram como manifestações percussivas, como é o caso

---

3. Cf. Mário Chamie, "O Trópico Entrópico de Tropicália", *O Estado de S. Paulo*, Suplemento Literário, ano 12, n. 572, 6.4.1968, p. 4, incluído em *A Linguagem Virtual*, São Paulo, Quiron, 1976, pp. 139 e ss.

dos glissandos e pizicatos. Predominam os sons vibrantes e violentos, ruídos "tropicais" obtidos por efeitos de cordas. Os metais e o vibrafone marcam o ritmo, mantendo permanente a tensão. Pode ser distinguida no arranjo, além disso, uma série de recursos de música de vanguarda: incorporação de melodias de timbres e acordes dissonantes, elementos aleatórios, sons eletrônicos. A simplicidade "descritiva" da música faz perceber citações jazzísticas, como na referência ao programa *O Fino da Bossa*, em que aparecem trinados redundantes (signo de musicalidade malformada, diluição); alude também ao exagero e redundância da interpretação, na citação do estilo de Simonal. Os pizicatos na corda foram utilizados para indicar o caráter de música ligeira, superficial, no refrão "viva Iracema / viva Ipanema"; os violinos, para efeitos ornamentais, em "viva a Bahia"; abertura majestosa, de efeito sentimental e passadista, em "viva a banda". Finalmente, nota-se que a música é composta, em todos os blocos, de duas partes e que a divisão entre eles é sempre feita da mesma forma. Há uma introdução, com predomínio de metais, que dá o caráter do bloco todo, e um discurso, em que a orquestra mantém um clima particular, com variadas citações nas cordas. Nota-se, também, que, à medida que prossegue a música, cresce o efeito semântico, grandiloquente e cafona.

Posto isto, é necessário analisar a música mais minuciosamente para ressaltar as operações paródica e alegórica de suas imagens. A canção é construída por montagem sincrônica de vários tempos que se espacializam devido à sua justaposição. O trabalho da música consiste em, na canção, fazer que uma designação (referência a um dado particular: Brasília, por exemplo) funcione como interpretação de um significado mais amplo, genérico (o Brasil). Simultaneamente, consiste também em fazer que duas significações básicas – o arcaico e o moderno – funcionem como interpretações das designações particulares. Desta maneira, há uma recorrência contínua: a enunciação passa da designação para a significação e desta para aquela – sistema de circularidades, de trocas, já alegorizante, de que a própria construção sintática do texto é um diagrama em que aquilo que se diz se subordina ao modo pelo qual é dito.

Já no início, há um recorte sintático do espaço: uma técnica cinematográfica delimita uma "moldura":

sobre a cabeça os aviões
sob os meus pés os caminhões
aponta contra os chapadões
      meu nariz

Nesta moldura técnico-moderna, atua um "eu" indicativo, por onde passam e se evidenciam as dimensões do Brasil, e que funciona como catalisador. O nariz que se intromete surrealmente, indicando os "chapadões" – referência ao centro oficial do país, mas também, metaforicamente, ao "coração do Brasil" –, mediatiza a sobreposição-oposição do arcaico e do moderno. Metonímia que se metaforiza: na moldura do moderno, o bruto, o indiferenciado. Este "eu", que em seguida conduz a intervenção na moldura, "eu" desindividualizado e despsicologizado, é a figura de uma enunciação, instância de linguagem que organiza a experiência das múltiplas temporalidades e espaços presentificados na moldura. Este "eu" é uma regra do enunciado, pois todas as frases são proferidas a partir deste "ponto" e, como sempre retornam a ele, acabam por recobri-lo, disfarçando-o com aquilo que ele mesmo diz. Assim, por este "eu" desfila o Brasil dado em representação: embora também se possa entendê-la como referência a um "eu" individual, a marca da pessoa equivale mesmo à não-pessoa, a um "ele" impessoal e anônimo que corresponde, no imaginário, à noção de "tropicalidade" ou de Brasil, verdadeiro sujeito da linguagem. A ausência do eu-sujeito é responsável por um "vazio", uma "situação de vácuo presente na multiplicidade grotesca e aleatória dos detalhes e das imagens integrantes de um todo desconexo". Este vazio não é nada,

é antes a soma desajeitada de possibilidades e resquícios irrealizados e por isso mesmo pouco sujeitos à lógica rígida dos acontecimentos e situações históricas plenamente efetivadas [...]; é a situação fronteiriça entre perspectivas de ação e as componentes desintegradas de uma visão que, colonial, se exprime pela louvação grandiloquente e vazia[4].

O vazio é preenchido pelo carnaval oficial, permi-

---

4. O. C. Louzada Filho, art. cit., p. 69.

tido enquanto forma de esvanecer o desejo de ruptura pela satisfação ilusória – desejo de outra coisa que falta. *Tropicália* efetua uma operação de desmonte do carnaval oficial, que se explicita nos estribilhos sinistro-irônicos – espécie de humor negro dessacralizador que, por distanciamento, critica a festa-espetáculo catártica – e nos contrapontos do arranjo e no discurso metonímico que faz o inventário das "relíquias do Brasil". Através de uma aparente adesão, os "viva" marcam um distanciamento do sujeito em relação ao resto do enunciado, expondo-o cruamente como não aceitável. Ao mesmo tempo, indiciam a autoironia, com o que há paródia da paródia; desta forma, carnavalizam o texto todo, esvaziando qualquer adesão à festa oficial.

No primeiro bloco estrófico pode-se surpreender, a partir da moldura inicial, um movimento concêntrico, que vai do mais geral ao mais particular, de uma câmera indiciada pelo "nariz" intrometido. Um olho clínico percorrendo uma superfície: primeiro, em grande plano americano (sobre os chapadões); depois, em plano geral (monumento); em seguida, em várias sequências em *close--up*, até chegar ao detalhe de "pulso esquerdo". A partir daí, retomam-se os grandes planos, voltando-se à indistinção da primeira estrofe:

> eu organizo o movimento
> eu oriento o carnaval
> eu inauguro o monumento

no planalto central
do país

viva a bossa-sa-sa
viva a palhoça-ça-ça-ça

A construção sintática ressalta a mistura semântica e referencial da linguagem carnavalizada. A estrutura é anafórica, paralelística, permitindo a comutação dos significantes. Por exemplo: "eu inauguro o carnaval / eu organizo o monumento / eu oriento o movimento"; "eu organizo o carnaval / eu inauguro o movimento / eu oriento o movimento" etc. Intercambiando-se, movimento-carnaval-monumento acabam por equivaler-se semanticamente, pois fazem parte de uma correlação. Assim, por exemplo, movimento alude a carnaval (festa) e a monumento (institucionalização). A referência a "planalto central do país" continua a mesma, como uma clara alusão a Brasília (o moderno) e ao interior (o sertão, o arcaico): o luxo no lixo e a carnavalização do monumental; a bossa e a palhoça, cada uma contendo a outra – a bossa é o novo jeito brasileiro, que, no entanto, pressupõe o velho e o contém; a palhoça é o velho que pressupõe e contém o novo. Neste tipo de construção, o termo metonímico mantém uma relação direta, não idealizada, com o significado terminal. Indica que o sujeito da enunciação encara a realidade através de uma percepção seletiva, de modo que, ao referir-se a um aspecto da realidade, opera um deslizamento dos significantes, nela inserindo um dinamismo que a fragmenta.

Daí a elipse constante nos textos tropicalistas, em que a descontinuidade e a fragmentação da estrutura descentram a percepção organizada por continuidade. A objetividade dos termos metonímicos define o tom e o "realismo" da composição tropicalista. Em sua transparência, dissimula-se uma exposição crua e cruel. No seu conjunto, as metonímias formam uma metáfora terminal, que se configura como uma alegoria do Brasil, situada no horizonte da percepção-entendimento do ouvinte, de modo que a operação crítica que se processa é algo concreto, não uma ilustração ou símbolo da carência.

No segundo bloco estrófico, o choque entre o arcaico e o moderno passa pela paródia do nacionalismo sentimental:

> o monumento é de papel crepon e prata
> os olhos verdes da mulata
> a cabeleira esconde atrás da verde mata
> o luar do sertão
>
> o monumento não tem porta
> a entrada é uma rua antiga estreita e torta
> e no joelho uma criança sorridente feia e morta
> estende a mão
>
> viva a mata-ta-ta
> viva a mulata-ta-ta

É uma paródia potencializada, pois parodia também as referências literárias: o Catulo da Paixão Cearense de *Luar do Sertão*, os estilemas românticos – olhos verdes, cabeleiras negras – de José de Alencar e Gonçalves Dias. Na imagem "o monumento é de papel crepon e prata" conota-se o artificialismo de Brasília e carnavalização, a que se contrapõe o arcaico subsistente de "rua antiga estreita e torta", reforçado pela figura onírica da "criança sorridente feia e morta". O choque do arcaico e do moderno se intensifica com o efeito paradoxal de abertura-fechamento do monumento – a entrada é fechada, ou nem existe – e com a antítese sorridente-feia e morta.

No terceiro bloco estrófico, "pátio interno", "piscina" e "faróis", artifícios modernos, contrapõem-se violentamente a "água azul de amaralina / coqueiro brisa e fala nordestina", signos de subdesenvolvimento dentro do desenvolvimento. Os elementos da natureza indiciam "nacionalidade", e os artificiais, a modernização burguesa:

>   no pátio interno há uma piscina
>   com água azul de amaralina
>   coqueiro brisa e fala nordestina
>   e faróis
>
>   na mão direita tem uma roseira
>   autenticando eterna primavera
>   e nos jardins os urubus passeiam a tarde inteira entre
>   [os girassóis
>
>   viva maria-ia-ia
>   viva a bahia-ia-ia-ia-ia

Na segunda quadra deste bloco, há um recorte que configura mudança de nível ideológico, delineando as posturas políticas face ao painel, carnavalizadas logo a seguir pelo deboche do refrão. Caetano parte de uma cantiga de roda – "na mão direita tem uma roseira / na mão direita tem um roseira / que dá flor na primavera" – mas, sutilmente, substitui "que dá flor na primavera" por "autenticando eterna primavera". Desmonta-se aqui o caráter mítico da direita, que manipula signos da natureza para validar a sua pretensa universalidade. No deslizamento do significante "direita" para "eterna", indicia-se a ideologia que funciona como mito primaveril e brincadeira inocente. Mas o violento contraponto crítico, longo e nordestino, do verso seguinte, recoloca o sinistro: o urubu surrealista passeia nos jardins sempre à espera do que sobra; o mau agouro paira sobre a aparência de naturalidade, num movimento de carnavalização. O refrão, entretanto, resolve momentaneamente a tensão entre flores e aves agourentas, com referência à Bahia, reduto da tropicalidade consagrada e telúrica, com que se efetua a descarnavalização.

Contrapondo-se a isso, no quarto bloco brilha ironicamente o espetáculo da esquerda:

> no pulso esquerdo um bang-bang
> em suas veias corre muito pouco sangue
> mas seu coração balança a um samba de
> tamborim

emite acordes dissonantes
pelos cinco mil alto-falantes
senhoras e senhores ele põe os olhos grandes
sobre mim

viva iracema-ma-ma
viva ipanema-ma-ma-ma-ma

A esquerda, mocinho de faroeste, luta com uma arma que, à maneira de um relógio, pendura-se no pulso frágil. Toda essa inação é compensada pelo sentimento nacionalista: o coração/o samba. É clara a alusão ao populismo, inclusive se associada à famosa sequência de *Terra em Transe*, em que o senador populista, velho e retórico, cai no samba, no meio do comício. Enquanto a direita aparece "naturalmente", segurando com segurança a rosa – caneta na mão, a esquerda, inerme, aparece como inconsistente: na oposição mão-pulso, há evidente superioridade de mão, visto que o pulso não pode empunhar armas, explicitando-se a supremacia da direita. Mão direita e pulso esquerdo, entretanto, são assimilados entre si, pois, misturados, coexistem no mesmo corpo como num grande espetáculo em que se encena o imobilismo político. A carnavalização prossegue com a referência ambígua de "acordes dissonantes", que tanto designam a dissonância musical quanto a do Brasil, grotescamente monumentalizado. Daí que "os olhos grandes sobre mim" possa ser ouvido segundo o ritual da tevê, como fica bem indicado pelo "senhoras e senhores" típico de apresentadores, e, conotativamente, também como os olhos do Brasil: monstro-Boiuna que tudo vê e engole. O refrão desliza de Iracema para Ipanema: o primeiro termo, anagrama de América, indica a visão continental do tropicalismo, além de ser signo de brasilidade; o segundo conota o centro da moda e de uma alegre intelectualidade.

No último bloco, dá-se um desabafo "providencial" da tensão crítica mantida pela música: há um movimento progressivo de descarnavalização, através da pletora de referências às formas de alívio das pressões políticas que é efetuado pelos meios de comunicação. As alusões ao programa *O Fino da Bossa* e a Roberto Carlos – signos de modernização – contrapõem-se à "roça" – signo do arcaico:

domingo é o fino da bossa
segunda-feira está na fossa
terça-feira vai à roça
porém

o monumento é bem moderno
não disse nada do modelo do meu terno
que tudo mais vá pro inferno
meu bem

viva a banda-da-da
carmen miranda-da-da-da-da

A progressão temporal domingo-segunda-terça (a bossa, a fossa, a roça) descreve uma reconversão dos dados modernos ao arcaico: em roça, retoma-se a significação dos chapadões do início. A adversativa "porém" reintroduz o movimento de carnavalização: o reconhecimento da alienação é recoberto pelo dado moderno. Portanto, os estereótipos dominam a cena: a televisão encobre as contradições e o elemento individualista intensifica a realização simbólica através do consumo de signos de elegância e *status*, em detrimento de tudo o mais (que vai "pro inferno"). Neste ponto, a carnavalização é declarada: "viva a banda / carmen miranda" concentra a festa provinciana, a militar e a exportável, oficiais todas elas. Pela sua circularidade, *Tropicália* abre no final a possibilidade de uma volta ao seu início, da mesma forma ou com variações. Ela indica a trajetória crítica do tropicalismo, que desmonta a música brasileira, da bossa à banda.

Panis et Circencis

> *a alegria é a prova dos nove e a tristeza é teu porto seguro.*
> Gil, Torquato & Oswald

Suma tropicalista, este disco integra e atualiza o projeto estético e o exercício de linguagem tropicalistas. Os diversos procedimentos e efeitos da mistura aí comparecem – carnavalização, festa, alegoria do Brasil, crítica da musicalidade brasileira, crítica social, cafonice –, compondo um ritual de devoração. Resultou da produção coletiva do "grupo baiano", integrado por Caetano, Gil, Gal, Torquato Neto, Capinam, Mutantes, Rogério Duprat, Tom

Zé e Nara Leão. Compondo um objeto-disco, a capa e as músicas produzem conjuntamente uma significação geral, alegórica, enunciada como a fala de um sujeito que se figura no próprio enunciado. O disco, com efeito, realiza uma encenação das "relíquias do Brasil" (culturais, políticas, artísticas), ritualizando, ao desdobrar-se, o próprio ato de fazer música, também exposto à devoração. Este caráter "artificial", distanciado, aparece em cada detalhe da capa, na construção de letras, ritmos, arranjo e interpretação. Oferece-se à fruição sob a forma de festa e farsa; sua audição suscita o riso ao mesmo tempo alegre e cínico – efeito da carnavalização. Dialogam várias vozes, ideologias e linguagens, relativizadas/devoradas por uma produção que usa de paródia, polêmica secreta, montagem, bricolagem, imagens surrealistas, corroendo a fruição-divertimento. Exige e excita a interpretação do ouvinte, que, assim, experimenta prazer; o disco se concretiza como corpo erótico representado, objeto do prazer de devorar. Disco para se ouvir e "ler" como se fosse uma alucinação, propõe ao ouvinte-crítico a participação de "um sonho de onipotência criadora"[5].

Veja-se a capa: ela compõe a alegoria do Brasil que as músicas apresentarão fragmentariamente. Na primeira face sobressai a foto do grupo, à maneira dos retratos patriarcais; cada integrante representa um tipo: Gal e Torquato formam o casal recatado; Nara, em retrato, é a

---

5. Cf. Gilberto Gil, *Manchete*, 18.10.1975, p. 81.

moça brejeira; Tom Zé é o nordestino, com sua mala de couro; Gil, sentado, segurando o retrato de formatura de Capinam, vestido com toga de cores tropicais, está à frente de todos, ostensivo; Caetano, cabeleira despontando, olha atrevido; os Mutantes, muito jovens, empunham guitarras, e Rogério Duprat, com a chávena-urinol, significa Duchamp. As poses são convencionais, assim como o *décor*: jardim interno de casa burguesa, com vitral ao fundo, vasos, plantas tropicais e banco de pracinha interiorana. O retrato é emoldurado por faixas compondo as cores nacionais, que produzem o efeito de profundidade. O título – *Tropicália ou Panis et Circencis*, em latim macarrônico, apresenta as mesmas cores. É curioso que no selo do disco a música-título vem grafada de modo diferente – *Panis et Circenses* [*sic*] – simples descuido ou aplicação da oswaldiana "contribuição milionária de todos os erros"?[6] Na capa representa-se o Brasil arcaico e o provinciano; emoldurados pelo antigo, os tropicalistas representam a representação.

Na outra face, envolvendo a foto, agora reduzida e em preto e branco, há o *script* de uma sequência de um filme (*Tropicália*?). A sequência é incompleta e nas falas há comentários debochados, referentes a aspectos do projeto tropicalista, à reação da crítica, a referências musicais e pessoais dos tropicalistas (Lupicínio Rodrigues, Pixinguinha, Vicente Celestino, João Gilberto, Augusto de Campos);

---

6. A expressão correta é *panem et circenses*.

a filmes e artistas cafonas (*Átila, Rei dos Hunos*, Charlton Heston); a Godard (*La Chinoise*); a figuras políticas (Roberto Campos) etc. Há indicações precisas do *décor* e do tempo: alternância de interior e exterior, de dia e noite. Finalmente, a última cena dá a chave da produção tropicalista: reproduz um diálogo entre Augusto de Campos e João Gilberto, em que este diz estar "olhando" para os tropicalistas de seu refúgio de New Jersey. Considerando-se a proposição de Caetano da "retomada da linha evolutiva", a partir da lição de João Gilberto, o diálogo explicita o projeto tropicalista de revisão crítica da música brasileira. Neste enfoque "moderno", cinematográfico, revela-se o procedimento fundamental do tropicalismo: justaposição do arcaico e do moderno. Assim, a capa é metalinguagem do disco: alegoriza os materiais devorados e as técnicas de devoração, apresentando os elementos da mistura e o modo de misturá-los.

O disco é estruturado, musicalmente, como uma polifonia, ou longa suíte; as faixas sucedem-se sem interrupção, com a abertura recapitulada no final. Esta concepção é a de *Sergeant Pepper's*, dos Beatles. Por sua vez, cada música mantém uma relação dialógica[7] com as demais e é estruturada, letra, música e arranjo, como montagem de fragmentos (referências musicais, sonoras, literárias, diálogos, manipulações eletroacústicas etc.). Compostos segundo a

---

7. Cf., no capítulo "O Procedimento Cafona", o tópico *O Carnaval Tropicalista*. O conceito utilizado é de M. Bakhtin.

linguagem de mistura, cada música e o conjunto levam à metáfora terminal, que alegoriza o Brasil. A coexistência do heteróclito é ressaltada pelo arranjo. A harmonização espacializa a marcação rítmica enfatizando a coexistência do passado e do presente, pois o arranjo coloca num mesmo plano as referências históricas arcaicas e modernas e possibilita a devoração das dualidades, mantendo as diferenças através do tratamento sonoro cafona. Como é sempre marcante, o arranjo indica as diferenças entre letra, música e interpretação vocal, mantendo a marca épico-lírica das composições. Diferentemente das canções da época, não há no tropicalismo uma demarcação entre músicas líricas (que seriam caracterizadas pelo intimismo, como na bossa nova) e músicas épicas (significadas pelo engajamento, como na música de protesto). Mesclam-se nele as duas orientações, resultando daí a especificidade crítica das canções, em que não há violência nem agressão contra o ouvinte. Assim, na música tropicalista, o prazer é crítico. O lirismo de *Baby*, por exemplo, não exclui a crítica dos estereótipos consumistas; analogamente, o épico de *Parque Industrial* é, como deboche, divertido.

Panis et Circencis é um ritual propiciatório, mas dessacralizador: oficia o sacrifício do Brasil, designado pelas imagens que significam suas indeterminações. Propõe-se como o oswaldiano "conhecimento do Brasil", em que a parodização dos primeiros cronistas trazia à tona o reprimido da história. Este disco compõe, com *Tropicália, Manifestação Ambiental*, de Hélio Oiticica (1967), a montagem de *O Rei da Vela*, do Teatro Oficina (1967), e *Macunaíma*, de Joaquim Pedro de Andrade (1969), a melhor exposição crítica dos mitos culturais brasileiros. Estas produções estilhaçam, pelo deboche, as indeterminações do passado--presente brasileiro, em sua modalidade de linguagem do dominado[8]. É ao que visa a carnavalização: a cena grotesca, montada na colisão de certas constantes – frases, trocadilhos, gozações, discursos avacalhados –, desmonta, cínica e ambiguamente, a ideologia oficial, que fixa tais indeterminações como uma "natureza perpetuamente em festa".

Produção prismática, o disco é dialógico: cada música parodia certas imagens do Brasil, deixando entrever todas as outras num sistema de interferências e relações. Nele, a invenção não deriva de um sentido prévio, como o de uma intenção política, que captaria o Brasil como uma totalidade[9]. Entretanto, na alegoria tropicalista as diversas músicas e vozes referem-se ao Brasil não como a uma totalidade que, sendo designada, é imediatamente significada como um universal, mas vão montando, pelo cruzamento das designações parciais, a significação como vulto das justaposições sincrônicas. Cada música é um efeito de linguagem, pela nomeação-designação de imagens parciais. A fala tropicalista não se interessa em fazer adequação de

---

8. Cf., no capítulo "O Procedimento Cafona", o tópico *Construção das Imagens Tropicalistas*.
9. Cf. Gilberto Vasconcellos, "A Propósito de *Geleia Geral*", *Debate & Crítica*, n. 6, jul. 1975, incluído em *Música Popular: De Olho na Fresta*, Rio de Janeiro, Graal, 1977.

uma forma de expressão a um conteúdo prévio, mas em desconstruir, trabalhando na virtualidade da linguagem. Donde uma produção que afirma dois sentidos simultâneos: designa o contexto e desconstrói as linguagens que o pressupõem enquanto interpretação totalizante. O discurso ufanista é mimético, pois postula a adequação de sua forma a conteúdos que o pré-formam – é preponderantemente semântico. O discurso tropicalista é marcadamente sintático, enquanto produção significante. Como é polifônico, o disco opera a passagem da diacronia (as séries culturais, através das citações) para a sincronia das músicas. A audição é duplamente orientada: capta a fala de um sujeito representado que se dirige a um outro (o ouvinte), que, por sua vez, é requisitado para decodificar as referências. Realiza-se, assim, a integração dos diversos níveis: o da música, o dos textos parodiados e o do contexto.

Dentre as músicas, *Geleia Geral*, de Gil e Torquato Neto, pode ser considerada o interpretante do disco; ela é a matriz que condensa todos os paradigmas redistribuídos na combinatória das outras músicas, da capa e contracapa. Nela se representa a representação em grau máximo: ato de fazer música, referência ao contexto, música-tipo que se faz como desconstrução (de si, do referente, de outros textos). Em *Geleia Geral* sobressai a justaposição do arcaico e do moderno, feita numa fusão espaço-temporal. O espaço-tempo arcaico: referências à região rural-sertaneja, especialmente tratada em *Coração Materno*; à época colonial (século XVI) de *Três Caravelas*. O espaço-tempo moderno: referências ao meio urbano desenvolvido em *Parque Industrial*; à modernidade, apresentada em *Baby*. Outras músicas, como *Mamãe Coragem, Enquanto seu Lobo não Vem* e *Panis et Circenses*, operam a transição do arcaico ao moderno e vice-versa, indicando projetos de mudança. *Lindoneia* alude a um presente arcaico – o Brasil suburbano; *Batmacumba* indica o sincretismo arcaico-moderno em ato, como procedimento artístico. Por sua vez, *Miserere Nobis* e *Hino ao Senhor do Bonfim* formam a moldura do painel definido e desmontado por *Geleia Geral*, sacralização/sacrilégio.

No disco-representação, o introito (*Miserere Nobis*) é destacado pelo solo de órgão e tilintar de sininhos, consoante a tradição. O canto é introduzido pela marcação rítmica do violão, acompanhado de vozes plangentes que reforçam a súplica – "Miserere nobis / ora pro nobis" –, indicando a disponibilidade para a participação no sacrifício. Os versos seguintes, com malícia gritados por Gil, cortam o tempo tradicional da referência religiosa, aludindo de um só golpe à concepção fatalista de uma "tragédia brasileira":

É no sempre será ôi-iá-iá
É no sempre sempre serão

Segue-se a esta invocação, repetida ao final de cada estrofe, o discurso que conota imobilismo da situação e da proposta de intervir nele. A intervenção vem na primeira estrofe:

> Já não somos como na chegada
> Calados e magros esperando o jantar
> Na borda do prato se limita a janta
> As espinhas do peixe de volta pro mar

Esta fala é pontuada por um pistão insistente, mantendo suspense e indicando iminência de ação. Há, nela, duas referências históricas: à primeira missa no Brasil, início de uma história que desemboca no presente contraditório, e à chegada dos "baianos" ao Sul desenvolvido – os baianos que desorganizam a música brasileira e que, talvez, signifiquem os "baianos", os miseráveis do país.

Seguem-se duas estrofes que indiciam o desejo de mudança sob forma de ato sacrílego que passa pela utopia da igualdade, do prazer e da saciedade:

> Tomara que um dia dia
> Um dia seja
> Para todos e sempre a mesma cerveja
> Tomara que um dia dia
> Um dia não
> Para todos e sempre metade do pão
>
> Tomara que um dia dia
> Um dia seja
> Que seja de linho a toalha da mesa
> Tomara que um dia dia
> Um dia não
> Na mesa da gente tem banana e feijão

Descrita a paralisia da situação e o anelo de mudança, segue-se o ato de interferência, como algo em processo. O verbo passa do subjuntivo para o indicativo e as metáforas conotam violência:

> Já não somos como na chegada
> O sol já é claro
> Nas águas quietas do mangue
> Derramemos vinho no linho da mesa
> Molhada
> de vinho e manchada de sangue

A última estrofe é ambígua: trata da violência estabelecida que mantém o Brasil estagnado e afirma uma sublevação não institucionalizada. Simultaneamente, as palavras silabadas indicam a forma da censura política e, até mesmo, uma forma de violência que não reduplica a existente: uma ação política indireta que, destacando-se da consciência burguesa, acentua a sua decomposição, por não ser possível simplesmente destruí-la[10].

> Bê-rê-a-bra-si-i-lê-sil
> Fe-u-fu-z-i-le-zil
> C-a-ca-nê-h-a-o-til-ão

Os tiros de canhão terminam a música, num misto de ação acabada, de ação se efetivando ou de violência silenciadora.

---

10. Cf. Roland Barthes, *Roland Barthes por Roland Barthes*, Lisboa, Edições 70, 1976, pp. 76-77.

Articulando-se com o introito, o *Hino ao Senhor do Bonfim* fecha o disco-ritual. É um hino sincrético, popular-religioso: cantado na festa do padroeiro, celebra as passadas conquistas do povo baiano referindo-se à conquista presente dos músicos baianos no Sul. É cantado em coro, com solos de Caetano e Gil em ritmos populares, sustentados pelas mudanças no acompanhamento; rende graças e pede proteção para a caminhada. A base rítmica, entretanto, é mantida pela banda típica das festividades religiosas do catolicismo popular. Diferentemente do introito, o hino é cantado com naturalidade por Caetano e Gil e com ênfase pelo coro, o que lhe confere um tom afirmativo. Se, no início, predominava a contrição, virtude passiva, agora ressalta a confiança. Contudo, terminado o canto, as vozes e os acordes prolongam-se desencontrada e sofredoramente até serem silenciadas pelos tiros de canhão. A positividade da festa popular, em contraposição ao ritual oficial do introito, desaparece, não se resolvendo numa forma de intervenção no sistema parodiado. Indica-se, pois, a ambiguidade do ritual: a festa do Bonfim já é oficial, como "macumba pra turistas"; os rojões, que referencialmente a encerram, são, também, um comentário de canhões, indiciando a repressão; e, ainda, os canhões silenciam a música; degradando a informação, a música desconstrói o disco, indicando a irrisão da festa tropicalista. Assim, o hino converte-se em anti-hino.

Entre duas religiosidades profanadas, *Miserere Nobis* e o *Hino ao Senhor do Bonfim*, monta-se e desconstrói-se o painel tragicômico do Brasil. A contrição (mas também ato de coragem) que Gil e Torquato expuseram, com certa melancolia, em *Marginália II*[11],

> Eu brasileiro confesso
> Minha culpa meu pecado
> Meu sonho desesperado
> Meu bem guardado segredo
> Minha aflição
>
> Eu brasileiro confesso
> Minha culpa meu degredo
> Pão seco de cada dia
> Tropical melancolia
> Negra solidão

desmancha-se, neste disco, por um movimento de degradação do *pathos* que poderia envolver o inventário das relíquias do Brasil. A carnavalização espanca o trágico, ri cínica e amargamente:

> A bomba explode lá fora
> Agora o que vou temer
> Oh yes nós temos banana
> até pra dar e vender
> O lê rê lá lá

Em sua ambivalência, a festa carnavalesca mistura positividades e negatividades, inverte-lhes a posição, reduplica a decepção da percepção-entendimento da "tragédia

---

11. LP Philips, R 765.024 L, 1968.

brasileira", devorando a linguagem que a estabelece como fato irreversível. Este ato libertário não minimiza as contradições, antes aguça o despropositado, numa representação grotesca da dominação.

Este espetáculo é montado como um processo de relativização alegre, anulando-se as distâncias entre as músicas e suas referências (o arcaico e o moderno) pela ênfase no caráter posicional dos materiais ritualizados. Dirigindo-se a um sujeito indeterminado e agenciando signos vividos, a ambivalência da fala tropicalista (que indica a coexistência de duas temporalidades) opera um esvaziamento das referências fixadas como *ethos* pela ideologia oficial. A fala tropicalista se entremostra no disfarce e no deboche tensionando a audição: o ouvinte tanto mais participa quanto mais percebe o diálogo de letra, música, arranjo e interpretação. Em toda canção, quando um destes elementos afirma algo da referência ritualizada, os demais a negam.

A carnavalização tropicalista deve, além disso, ser analisada quanto ao seu processo de espacialização. Na maior parte das músicas há alternância, quando não oposição, de espaço aberto e espaço fechado, inclusive um processo de abertura de espaços fechados. As "ações" ocorrem nas ruas, praças públicas, parques, que são lugares de passagem e mudanças rápidas; ou, então, em interiores e exteriores (psicológicos ou ideológicos) – salas de jantar, quintais, corredores, portões, prateleiras, balcões. Comprova-o o recenseamento dos lugares: o sol e as bancas de jornais em *Alegria, Alegria*; o parque de diversões em *Domingo no Parque*; a sala de jantar em oposição ao sol, aos quintais e à avenida central, em *Panis et Circenses*; a cozinha e os corredores em *Deus vos Salve Esta Casa Santa*[12], o abafamento da vida caseira em oposição à cidade grande em *Mamãe Coragem*; a vida suburbana (fechada), ao sonho romântico das fotonovelas, do rádio e da televisão (aberta), em *Lindoneia*; o espaço descontraído de *Baby* e *Divino Maravilhoso*; a oposição entre a cabine de ingressos do Cine Avenida e a fuga cinematográfica (feita de táxi, num "trânsito horrível" e "que termina na areia do mar"), em *Luzia Luluza*; a negatividade de "debaixo da cama" em oposição à rua (onde se desenrolam os acontecimentos festivos, populares e militares) em *Enquanto seu Lobo Não Vem*. De modo geral, nessas músicas, o dado urbano equivale ao movimento de abertura, conotando a modernização da sociedade e a modernidade dos procedimentos tropicalistas.

Este movimento de abertura-fechamento do espaço, efetuado na carnavalização, é ambivalente, pois cada momento exige o outro para se completar. As produções tropicalistas, como se viu, não aludem à substituição de um estado por outro, nem propõem modelos de mudança, mas insistem num procedimento de contaminação de

---

12. De Caetano e Torquato Neto, desentranhada de um motivo folclórico baiano, gravada por Nara Leão. LP Philips, 765.051 L, 1968.

realidades diferentes, reiterando e misturando referências contextuais, citações, interpretações e estilos, para reduzi-los ao "grau zero", no qual elas apodrecem. É um procedimento conjuntivo que se cristaliza no efeito cafona, no qual a manutenção do antigo não tem função contemplativa, pois é exagero tático. Daí o estranhamento: faz intervir, como elemento contrastante, a sensibilidade moderna, urbano-industrial – múltipla, fragmentária, que não se deixa aprisionar por um único referencial. Tal operação de deslocamento é excêntrica: desapropria todos os centros, neutralizando-os; ao mesmo tempo, ela os confirma em sua condição de coisa acabada, pronta para ser devorada.

Podem-se percorrer as diversas dobras do painel representado-oficiado por *Panis et Circencis*, a partir das considerações feitas acima. O tempo arcaico é dado por *Três Caravelas*: fala da descoberta da América, alternando o castelhano e o português. É uma música tematicamente simples com uma referência significativa ao Brasil, que a carnavaliza:

> Muita coisa aconteceu
> Daquele tempo pra cá
> O Brasil aconteceu
> É o maior que que há

Esta canção, juntamente com *Soy Loco por Ti, América*, é importante porque alude à dimensão continental do tropicalismo[13]. A alusão a Colombo inscreve-se no projeto antropofágico-tropicalista de parodiar os primeiros cronistas do Brasil. De acordo com tendências do momento, nisso os tropicalistas demonstraram preocupação com a revolução continental; por isso a referência a Cuba era obrigatória (*Alegria, Alegria* alude à guerrilha). Referindo-se a *Soy Loco por Ti, América*, Augusto de Campos destaca com propriedade a preocupação com a latino-americanidade no projeto tropicalista:

> Fundindo vários ritmos latino-americanos, inclusive a cumbia colombiana, Gilberto Gil, com a colaboração de Capinam, realizou esplendidamente um projeto acalentado por Caetano: o de criar um música que integrasse toda a Latino-América, com sua problemática comum. Tropicalismo anti-Monroe: a América para os Latino-Americanos. Essa integração é realizada através da fusão de ritmos e do entrelaçamento da letra, onde português e castelhano passam um para o outro como vasos comunicantes, numa justaposição temática de todas as faixas sociais [...]. Menos gratuita do que parecem figurar seus ritmos ligeiros, *Soy Loco por Ti, América* lembra certas canções cubanas, escondendo na aparente ingenuidade e dormência de suas ondulações rítmicas uma mensagem grave e mordente[14].

Esta tendência, segundo a qual toda a América Latina seria tropicalista, não chegou a desenvolvimentos maiores, permanecendo demasiado genérica a extensão de

---

13. *Soy Loco por Ti, América* é de Gil e Capinam, gravada por Caetano.
14. Augusto de Campos, *op. cit.*, p. 170.

sua visada – como, aliás, também o fizera Glauber Rocha em *Terra em Transe*. Com essa generalização escamoteia-se a diversidade histórica dos países latino-americanos, assim como a distância entre a colonização espanhola e a portuguesa[15].

Coração Materno, de Vicente Celestino, aponta para o espaço arcaico da sentimentalidade rural, justaposta, social e psicologicamente, ao meio urbano-industrial. Nesta reinterpretação, Caetano Veloso produziu um dos acontecimentos do tropicalismo. A interpretação de Caetano e o arranjo de Rogério Duprat cruzam-se com a versão original de Vicente Celestino, gerando vários níveis de paródia. Ouvem-se duas versões da música: a cantada por Caetano e a relembrada de Celestino. Caetano canta com distanciamento e reverência; um canto frio, despojado, fazendo algo parecido com a releitura oswaldiana dos primeiros cronistas do Brasil. Sem sentimentalismo ou morbidez, Caetano canta o que a letra diz literalmente, revelando-se, assim, o artificialismo do texto como algo ridículo, absolutamente *kitsch*. A paródia não é explícita, mas pressentida, daí impor-se um estranhamento mais intenso, pois confunde o ouvinte que, de início, sente Caetano cantando com convicção. Caetano desrealiza a versão de Vicente Celestino: enquanto texto e interpretação, a versão deste é feita de estilemas operísticos – retórica, sentimentalismo, exagero – com sobrecarga emotiva na

---

15. Cf. Roberto Schwarz, art. cit., p. 57.

entoação. A interpretação de Caetano, por ser exterior à de Celestino e por não admiti-la para modificá-la, como ocorre na paródia, funciona mais como uma "polêmica secreta", para usar a expressão de Mikhail Bakhtin. Caetano exerce uma crítica corretora da versão original, como uma espécie de superego. A polêmica estabelece-se entre a interpretação de Caetano e o arranjo, que funciona como se fosse Vicente Celestino: melodramático, cheio de floreios melódicos, sons plangentes nas cordas, com passagens patéticas ou rompantes nos momentos mais dramáticos. A versão tropicalista de *Coração Materno* ressalta o grotesco de um tipo de música tida como expressão do sentimento rural, quando não passa de mera convenção. Nessa caricatura, Caetano e Duprat comprometem a circularidade ideológica do discurso de Vicente Celestino.

O lirismo de *Baby* não deixa de tematizar a dominação, misturando o dado econômico (essencial) da gasolina com os do consumo (supérfluo): margarina, sorvete, lanchonete, aprender inglês, *Carolina* e Roberto Carlos. Estes dados são homogeneizados na construção da letra, feita de simples enumeração de fatos, nomes, mitos e no arranjo "fácil", composto de citações de música comercial, *Diana* (cantada por Paul Anka e Celly Campello no início da década e neste disco por Caetano) e na interpretação "sensível" de Gal. É música investida de afetividade, correspondendo à "nova sensibilidade" disseminada entre jovens marcados pela expansão das comunicações e do consumo. Capta o tempo urbano como o espaço de uma vida leve e descontraída, sensibilidade à flor da pele: "Não sei, leia na minha camisa". Esta música está na linha de *Alegria, Alegria, Paisagem Útil, Superbacana, Divino Maravilhoso*. Uma antologia de estereótipos de consumo forma-se através de suaves metáforas da dominação imperialista. As invocações melancólicas: "você precisa (saber da piscina, tomar um sorvete, aprender inglês, saber de mim, aprender o que eu sei)" indicam, ironicamente, a imposição da novidade do consumo. O ouvinte é cativado: contudo, entre as citações "saudosistas" (*Diana, Carolina*) e os estereótipos do consumo, infiltra-se a inquietação de que algo novo como sensibilidade ocorre. As canções citadas acima estão longe, porém, de validar esta "nova sensibilidade" como uma positividade derivada do consumo. Esta ressalva deve ser considerada porque, encerrado o movimento tropicalista, desenvolve-se no Brasil toda uma manipulação publicitária que envolve parte da juventude na onda do "tudo legal", da "curtição", da "descontração", valendo-se dos tropicalistas. Da dimensão histórica da canção tropicalista, esta onda não mantinha senão as aparências, ao dissimular a operação cruel da "prova dos nove da alegria".

Enquanto seu Lobo Não Vem também fala do presente, mas de um presente real, o da dominação pela violência política. Se em *Baby* o desejo passa pelo consumo, em *Enquanto seu Lobo Não Vem* afirma-se, apesar da repressão, que deve ser iludida. A violência militar abafa-o de modo direto: a música fala de "um tempo de guerra / um tempo sem sol"[16]. Retomando a fábula do Chapeuzinho Vermelho e de uma cantiguinha infantil, a música afirma o desejo além de qualquer forma de proibição. A letra e o arranjo estruturam-se como um passeio, em que os obstáculos (político-militares) são contornados por ações sub-reptícias para que se reinstale o prazer:

> Vamos por debaixo das ruas
> Debaixo das bombas das
> bandeiras debaixo das botas
> Debaixo das rosas dos
> jardins debaixo da lama
> Debaixo da cama

A estrutura do texto e do arranjo é paralelística, pois retoma sempre o mesmo ponto de partida, visando vários objetos do referente que, devido à repetição, se unificam, indicando que o bloqueio do desejo vem de "ações" diferentes, embora derivadas da mesma instância de poder. A música é carnavalesca: o desejo se propõe como festa popular, ao modo da escola de samba de Mangueira. O convite ao passeio pode ser entendido em dois níveis de conotação do proibido: o erótico e o político. É dado cotidiano de nossa cultura convidar alguém para "passear na floresta", compreendendo-se com isso um convite amoroso, como se pode depreender dos primeiros versos:

---

[16]. *Eu Vivo num Tempo de Guerra* (Edu Lobo, Guarnieri), do espetáculo *Arena Canta Bahia*, compacto RCA Victor, LC-6177-A.

> Vamos passear na floresta
> escondida
> meu amor

Mas, em seguida, o convite para algo proibido se dá de modo aberto, na avenida. Esta alternância entre desejo e interdito se repete até a introdução da proposta carnavalesca, que parece liberar o desejo. Entretanto, uma vez enunciado que:

> A estação primeira de
> Mangueira passa em ruas
> largas

volta o proibido

> Passa por debaixo da avenida
> presidente Vargas

À utopia romântica de burlar a repressão pelo desejo, opõe-se o "lobo mau", sempre presente, como denota o familiar "seu" lobo do título. Resulta daí a ausência de um espaço específico para o desejo. No imaginário da canção, o desejo se expandiria por todos os lugares, na "avenida", nas "veredas", no "alto". Mas, na realidade permanece latente, escondido, já que a lei está estabelecida. O interdito é interiorizado:

> Há uma cordilheira sob o asfalto

daí a proposta reiterada de subversão do poder e do medo.

No discurso do narrador há fanfarronice carnavalesca, propondo a subversão pelo desejo na sua figura da festa de Mangueira, o que é ambíguo, pois o desfile de escolas de samba é festa oficial. Se mantivesse o seu aspecto de "passeio", e não de "desfile", o carnaval de Mangueira também teria que ser feito às ocultas, "por debaixo da avenida", das "bombas" e das "botas". Vê-se aqui uma alusão à repressão militar, mas também ao populismo, já que são citados "Vargas" e "lama". A ambiguidade é mantida: enuncia-se astuciosamente uma proposta de refazer o percurso de Mangueira:

> Vamos passear escondidos
> Vamos desfilar pelas ruas
> Onde Mangueira passou

Passear "por debaixo" da repressão, da corrupção e mesmo "debaixo das rosas dos jardins". Surge, no final, carnavalescamente, o elemento surpresa: o passeio se dá "debaixo da cama". Modo cômico do passeio – patifaria, ridículo. A proposta subversiva é relativizada ao máximo, des-heroicizada, desmascarando-se. A alternância entre afirmação do desejo como forma de burlar a repressão e sua degradação irônica, carnavalizando a música, mostra-se, também, no arranjo. Enquanto Caetano canta, com seu característico modo descritivo, "realista", o arranjo vai fazendo contrapontos gaiatos gerando ambiguidade. Fato importante: durante a enunciação do passeio, Gal repete insistentemente a frase: "os clarins da banda militar", marcando os limites do passeio.

Panis et Circenses é um enfoque mais limitado dos interditos do desejo. É a contraposição entre a exceção e a "ordem" cotidiana – uma experiência da paixão que se sabe destinada ao fracasso.

> Eu quis cantar
> Minha canção iluminada
> de sol

A música contrapõe o desejo de libertação ao ritual da sala de jantar. À afirmação do sonho, opõe-se a vida regida pela "ocupação" de "nascer e morrer". A "canção iluminada de sol" projeta-se, surrealisticamente, para desarranjar o cotidiano.

Cantada pelos Mutantes, a música desenrola-se como um desfile circense, evocando um alegre passeio ao sol, cheio de cores e evoluções. A representação é representada no modo de construir: apresenta-se como um disco, que em dado momento é interrompido por falta de energia e depois volta a rodar. No final, a música é interrompida, com a introdução de conversa e ruídos de mesa de jantar, enquanto no fundo toca uma valsa vienense. Este procedimento desmonta o caráter representativo da música cantada, do ritual tropicalista e do referente.

Mamãe Coragem contrapõe o espaço urbano da cidade grande ao espaço doméstico de classe média. Alude à ruptura com a família por parte de jovens decididos, à busca de uma vida aberta, perigosa e mutável.

> Mamãe, mamãe não chore
> A vida é assim mesmo e eu
> fui-me embora
> [...]
> A vida é assim mesmo e
> eu quero é isto aqui

Há uma belíssima paródia de um verso de Coelho Neto sobre a grandeza de ser mãe, invertendo o seu sentido e conotando crueldade:

> Ser mãe é desdobrar fibra
> por fibra os corações dos
> filhos

A tônica da música é a afirmação de uma coragem de postular uma vida de rupturas, oposta à estabilidade da vida familiar:

> Eu quero eu posso eu
> quis eu fiz
> [...]
> Eu tenho um beijo preso
> na garganta
> Eu tenho um jeito de quem
> não se espanta
> [...]
> Eu tenho corações fora

do peito
[...]
Eu por aqui vou indo
muito bem
De vez em quando brinco
o carnaval
E vou vivendo assim
Felicidade
Na cidade que eu plantei
pra mim
E que não tem mais fim

O arranjo é feito de referências ameaçadoras; inicia-se com sons de sirene que as mantêm no transcorrer da música, com breves e repetidas batidas de violão e surdo.

Lindoneia é um bolero inspirado na *Lindoneia ou a Gioconda do Subúrbio*, de Rubens Gerchman. É uma música melancólica, falando dos sonhos românticos de uma moça de subúrbio, solteira, empregada doméstica, leitora de fotonovelas, que ouve rádio e vê televisão. Nela se justapõem a sentimentalidade alienada e a violência social e policial. O mundo de Lindoneia é sem alternativas: só lhe resta a fuga onírica dos folhetins. A letra é construída por imagens violentas, como nas montagens cubistas. O arranjo é tradicional, romântico. A representação também é enfatizada pela imagem do espelho: Lindoneia se vê "linda, feia" no espelho em que desaparece a sua realidade cotidiana para reaparecer nas imagens dos romances nos quais, a seguir, se projeta.

Na frente do espelho
sem que ninguém a visse
Miss
Linda feia
Lindoneia
desaparecida
[...]
No avesso do espelho
Mais desaparecida
Ela aparece na fotografia
Do outro lado da vida

A violência aparece numa sequência de imagens que gera uma realidade fantástica:

Despedaçados atropelados
Cachorros mortos nas ruas
Policiais vigiando
O sol batendo nas frutas
Sangrando
(Ai meu amor
A solidão vai me matar
de dor)

Colocadas ao lado das imagens de *Baby*, *Panis et Circenses* e *Enquanto seu Lobo Não Vem*, as de *Lindoneia* aludem ao dado suburbano como a um espaço fechado, em que a repressão não é sentida como política, mas como policial. Ao lado de *Mamãe Coragem*, ela ressalta a impossibilidade de o jovem proletário "escolher" a sua vida.

Nesse mundo não há ruptura, o arcaico sofre o efeito alienante da modernização, desintegrando as pessoas. Sob este ponto de vista, ela é homóloga a *Luzia Luluza*. A construção fragmentada da letra corresponde, por inversão, aos efeitos corrosivos dos valores modernos, veiculados pela indústria cultural sobre o proletariado, mostrando ser a modernização um dado de classe.

Parque Industrial critica a ideologia ufanista-desenvolvimentista e os estereótipos da indústria cultural:

> Retocai o céu de anil
> Bandeirolas no cordão
> Grande festa em toda a
> nação
> Despertai com orações
> O avanço industrial
> Vem trazer nossa redenção
>
> Tem garotas-propaganda
> Aeromoças e ternura no
> cartaz
> Basta olhar na parede
> Minha alegria num instante
> se refaz

Operam na letra a carnavalização, o deboche e a ironia dos mitos oficiais, em que a festa mimetiza a natureza e sacraliza o desenvolvimento industrial. No final, dá-se a avacalhação pela entoação cafona com que Tom Zé canta a palavra "Brazil", ressaltando a dominação, mascarada pela ideologia. A música é interpretada por várias vozes (Tom Zé, Gil, Caetano, Gal, Mutantes e coro), indicando diversos lugares de enunciação, pressupondo pontos de vista diferentes. As vozes se cruzam, dramatizam-se, compondo um cenário profuso. O primeiro verso é uma alusão literária que indica a tarefa do músico-poeta: enunciar a representação. O arranjo figura um parque de diversões, indicando movimentos, gritos, cores, conversas. A interpretação de Gil é o que sobressai, voz do músico-poeta que enuncia o espetáculo: canta com variações na entoação, pontuando as alusões críticas e "conduzindo" o espetáculo: "mais uma vez", "vamos voltar". *Parque Industrial* pode ser considerada inclusa em *Geleia Geral*, quanto ao tema, interpretação e arranjo.

Geleia Geral é a cena na qual se desconstrói a ideologia nacionalista-ufanista. Por uma operação que age "por dentro", criticando o discurso retórico no nível das camadas fônica, vocabular, sintática e semântica, a "geleia geral brasileira" é enunciada pelo cantor, na sua condição de poeta-sujeito da enunciação. Aponta para três níveis de significação: o dos produtos culturais – justaposição do arcaico e do moderno; o da confusão cultura-natureza, da ideologia ufanista; o da música que enuncia a "geleia geral". Neste último, enquanto critica as indeterminações culturais – a "geleia" –, a própria música, representando a linguagem bacharelesca, estrutura-se sob forma de "geleia", pela montagem dos *ready made* do mundo patriarcal e desenvolvimentista. É por isso que Augusto de Campos caracterizou-a como um "bumba-iê-iê-boi"[17], pois esta montagem é uma mistura de citações literárias e musicais e uma colcha de clichês ufanistas. Daí ser um discurso duplo, produzido pelo distanciamento entre duas situações de enunciação: a do poeta que canta e a do poeta (retórico) cantado. Desde o início, o natural e o cultural são remetidos a esta dupla situação de enunciação: o poeta oficial monta uma imagem do Brasil como um paraíso tropical, e o poeta cantor a desmonta:

> Um poeta desfolha a bandeira
> e a manhã tropical se inicia
> resplandente candente fagueira
> num calor girassol com alegria
> na geleia geral brasileira
> que o *Jornal do Brasil* anuncia

A fala do poeta oficial é indiciada pela rima e pela enumeração triádica (resplandente-candente-fagueira), traços típicos do estilo retórico, na poesia e nos comícios.

O distanciamento irônico, mantido pela interpretação de Gil, transforma o elogio das belezas naturais em crítica da ideologia do discurso que as institui como símbolos nacionais. As citações literárias e musicais encenam esta ideologia, e a paródia que resulta de interpretação e arranjo torna-as ridículas, sejam elas explícitas ou não.

---

17. Cf. *História da Música Popular Brasileira*, vol. 30.

> Minha terra onde o sol é mais limpo
> E mangueira onde o samba é mais puro

Estes versos conotam a *Canção do Exílio* de Gonçalves Dias, com suas hipérboles ufanistas.

> Salve o lindo pendão de seus olhos

parodia um verso do *Hino à Bandeira*; achado admirável, pois ligado organicamente à bandeira do primeiro verso.

A estas citações literárias somam-se as musicais: citações de *O Guarany*, de Carlos Gomes, e de *All the Way*, de Frank Sinatra. A elas contrapõem-se as citações modernas, desconstrutoras:

> Na geleia geral brasileira, alguém tem de
> exercer as funções de medula e de osso

de Décio Pignatari, num dos manifestos da poesia concreta;

> A alegria é a prova dos nove

de Oswald de Andrade, no *Manifesto Antropófago*;

> Brutalidade jardim

em *Memórias Sentimentais de João Miramar*;

> roteiro do sexto sentido

alusão ao *Manifesto Antropófago*.

Fica evidente nessa operação que, se o poeta oficial representa, o cantor representa a representação. Em ambos os casos a construção é retórica, porque nos dois o Brasil é falado. Do ponto de vista oficial, a retórica se naturaliza, estabelecendo como universais meras particularidades; do ponto de vista do cantor, a retórica, questionando a conversão, aponta o caráter fictício do Brasil assim manipulado. O tom de animação com que a música é cantada corresponde à empatia com o Brasil tropical e festivo, na versão do poeta oficial. Simultaneamente há empatia entre a alegria do cantor e a destruição do oficialismo, propondo-se, de modo carnavalesco, a alegria como "a prova dos nove", como um modo crítico de prazer. Coexistem, portanto, as conotações de tropicalidade como imagem edênica e a de invenção. A primeira é indicada pelo exagero de qualidades emblemáticas (de cores, por exemplo); a segunda, pela forma de compor e de cantar.

Como construção, a música é uma *assemblage*: os fragmentos são intercambiáveis, montam-se por coordenação, num processo descritivo e imediato. A descrição é adequada como procedimento nas imagens tropicalistas, porque espacializa o tempo, dando conta da visualidade das imagens, da indeterminação da "cultura brasileira" e da permanência dessas indeterminações. Esse modo de construção ressalta a coexistência de disparidades na geleia geral brasileira, intensificada pelo refrão:

ê bumba-iê-iê-boi

O caráter satírico da música provém da construção da letra, do arranjo e da interpretação. Na letra, além das paródias, é preciso ressaltar o ritmo dos versos, inclusive porque a interpretação de Gil tira partido de suas variações, modulando a entoação de acordo com elas. O texto é construído com versos de nove e de sete sílabas. Nas partes narrativas usam-se os versos de nove, por serem mais "literários"; no refrão e no discurso-inventário das "relíquias do Brasil", os de sete, verso popular, usado no cordel e nas trovas e quadrinhas populares. Os versos de nove sílabas têm acento na terceira, sexta e nona, o que lhes dá uma divisão ternária. Quando cantados, pode haver o acréscimo de uma sílaba na terceira célula, tendo-se, então, o decassílabo popular, também chamado de martelo agalopado pelos cantadores nordestinos. Os versos de sete sílabas, por sua vez, têm acento na terceira e sétima ou na quarta e sétima. Estes dois tipos de versos costumam vir unidos na poesia popular e no cancioneiro nordestino, principalmente para fins satíricos[18]. É o que ocorre em *Geleia Geral*.

Concentram-se, aqui, em grau máximo, a alegoria do Brasil e a linguagem de mistura, numa relação de perfeita homologia. Por isso esta música é o paradigma da produção tropicalista.

Batmacumba é a única música que, nos três discos tropicalistas, realiza a proposta concreto-antropofágica de

---

18. Cf. M. Cavalcanti Proença, *Ritmo e Poesia*, Rio de Janeiro, Simões, s/d., Col. Rex.

modo intencional. Realiza uma superposição dos códigos verbal, sonoro e visual, com referências culturais sincréticas: Batman (os quadrinhos, e por extensão a indústria cultural); macumba (elemento cultural brasileiro); iê-iê-iê (música jovem, proveniente do *rock*). Visualmente, o texto apresenta o procedimento de contração e expansão vocabular da poesia concreta com rompimento da sintaxe e da semântica lineares. A partir de uma unidade vocabular mínima (ba) há uma geração de palavras por espelhamento. A figura que resulta é um grande "K", que corresponde ao som-fonema que repercute durante toda a música. É somente a partir do arranjo que se percebe o sincretismo cultural, em forma de devoração antropofágica. O ritmo básico é uma batida, misto de macumba e de ioruba cubano, com acompanhamento de guitarra elétrica e uma espécie de alaúde como fundo. Há, ainda, uma marcação rítmica de tambor que, pela sua repetição, funciona como uma fórmula encantatória, semelhante ao que ocorre na macumba[19]. O ritual de *Batmacumba*, juntamente com o de *Miserere Nobis* e o do *Hino ao Senhor do Bonfim*, configura o ritual-devoração do disco, com uma cena dessacralizadora das imagens do Brasil.

---

19. Cf. Virginia M. A. de Jesus, "*Batmacumba* – Jogo com as Palavras", *De Signos*, n. 4, PUC-SP, s/d.

O PROCEDIMENTO CAFONA

Construção das Imagens Tropicalistas

> *Precisamos, precisamos esquecer o Brasil!*
> *Tão majestoso, tão sem limites, tão despropositado,*
> *ele quer repousar de nossos terríveis carinhos.*
> *O Brasil não nos quer! Está farto de nós!*
> *Nosso Brasil é no outro mundo. Este não é o Brasil.*
> *Nenhum Brasil existe. E acaso existem os brasileiros?*
>
> Drumond, *Brejo das Almas*.

O procedimento básico do tropicalismo consiste, como já foi visto, em submeter os arcaísmos culturais "à luz branca do ultramoderno, apresentando o resultado como uma alegoria do Brasil"[1]. Elabora uma construção, feita de imagens estranhas, de caráter onírico, que, desmontadas, iluminam como numa cena as indefinições do

---

1. Cf. Roberto Schwarz, art. cit., p. 52.

país. Esta cena é alusiva: a mistura e a dramatização das "relíquias do Brasil" evidenciam a aberração resultante da justaposição dos anacronismos e da modernização. Faz aparecer uma situação histórica, impossível de ser concretizada com nitidez, que irrompe sob a forma do retorno do reprimido. A obscuridade dessas imagens, na realidade a sua ambiguidade, provém do fato de elas resultarem da combinação de elementos díspares, segundo uma lógica da complementaridade – a da elaboração onírica. Como no sonho, as imagens tropicalistas significam algo diferente do que é manifestado. Os fatos culturais, formações históricas e estilos artísticos são metamorfoseados como particularizações de uma totalidade apenas sugerida, que aparece de maneira intermitente, sem nunca conseguir remeter a uma imagem superior que funcionasse como síntese abstrata do Brasil.

A vinculação das imagens tropicalistas ao sonho nem é casual nem resulta de uma simples analogia. A atividade tropicalista se materializa como exercício surrealista: uma prática em que a realidade é fecundada pela imaginação e pelo sonho, iluminando as possibilidades reprimidas. Esta prática, de inspiração materialista, antropológica[2], volta-se para o cotidiano, mais precisamente para a mitologia urbana, aí investindo as forças do êxtase para a revolução. Visa, não à realidade,

---

2. Cf. Walter Benjamin, "O Surrealismo", São Paulo, Abril Cultural, 1975, Os Pensadores, vol. XLVIII.

enquanto totalidade indiferenciada, mas aos objetos próximos, obsoletados, arcaizados. Libertam-se, pela desrealização, as forças revolucionárias ocultas nesses objetos, pois, segundo a inspiração surrealista, seria necessário fazer explodir a representação – a linguagem instrumentalista que lhes confere realidade –, o que se consegue com a crítica do sujeito, pelo afrouxamento da individualidade. O sonho e a imaginação fazem aceder à realidade dos objetos, ultrapassando-se, assim, a causalidade lógica, fundamento da moral idealista que informava a prática política da *intelligentsia* burguesa de esquerda. A prática artística desloca-se dos significados para os significantes, com o que se desreprime o desejo, reportando-se a um universo heterogêneo, de coexistência de centros em movimento constante. Como os poemas surrealistas, as canções tropicalistas constituem-se num desenrolar de imagens, nascidas da justaposição de objetos e desejos coisificados, montando a cena da fantasmagoria. É no espaço da imagem que se encontram, assim, as potências revolucionárias do êxtase, sob a forma de "revelação profana", como no amor.

Nas canções tropicalistas, mesclam-se o lirismo cotidiano desindividualizado e a proposta de uma subversão social, imbricando-se um no outro, sagrando o cotidiano. Abandonado ao ritmo profuso de imagens, o ouvinte vê emergir, sob forma de sonho, uma "realidade brasileira" alucinada. Para compreender o tropicalismo é preciso analisar o processo de estruturação de suas imagens: é a concepção lacaniana do funcionamento do inconsciente que melhor permite apreender o trabalho do sonho[3].

Freud mostra que a elaboração onírica executa quatro realizações com o material latente: condensação, deslocamento, transformação do conteúdo latente em imagens visuais e elaboração secundária[4]. Na condensação, determinados elementos latentes, ou um fragmento de certos complexos latentes, transparecem no sonho manifesto. Por um processo de convergência, as semelhanças no material latente são substituídas por condensações no sonho manifesto. Esta redução de sequências diversas de elementos latentes a um único sonho manifesto é responsável pela obscuridade e ambiguidade dos sonhos. Na relação de conjunto que as duas camadas estabelecem, por mistura e cruzamento, um elemento manifesto corresponde a diversos elementos latentes e vice-versa. Pode resultar daí uma interpretação do sonho aparentemente suficiente, que, entretanto, não permite perceber uma possível "superinterpretação". O deslocamento, por sua vez, enfatiza a divergência: um elemento latente é substituído, não por um de seus componentes, mas por uma alusão remota; ou, então, o acento psíquico é

---

3. Cf. Jacques Lacan, "Posição do Inconsciente", *Escritos*, São Paulo, Perspectiva, 1978. Cf., também, Henry Ey (org.), "O Inconsciente e a Linguagem", *O Inconsciente*, Rio de Janeiro, Tempo Brasileiro, 1969, vol. I.
4. Cf. Freud, "A Elaboração Onírica", *Conferências Introdutórias sobre Psicanálise – Sonhos*, Rio de Janeiro, Imago, 1976 (Pequena Coleção das Obras de Freud, livro 21).

transposto de um elemento importante para outros sem importância, de modo que o sonho parece descentrado e estranho. Há, neste processo, uma tendência a expressar as diferenciações que ocorrem no sonho latente por um mesmo elemento manifesto; assim, vários deslocamentos combinados resultam em convergência. A eficácia desse procedimento depende da sua inteligibilidade; esta pode não decorrer de uma associação temática, mas de substituição dos elementos latentes por associações externas – como semelhanças de sons, ambiguidade verbal etc. – que implicam efeitos de humor, comicidade ou o grotesco. O deslocamento revela a censura dos sonhos: esta consegue o seu objetivo quando torna impossível a relação entre as alusões remotas e o original; do contrário ouve-se o grito do reprimido.

O essencial da formação dos sonhos, tal como se dá no duplo jogo de condensação e deslocamento, consiste na transformação do conteúdo latente em imagens sensoriais, a maior parte na forma de imagens visuais. Entretanto, nem todo o material oculto é transformado, pois alguns elementos permanecem em sua forma primitiva, aparecendo dessa maneira no sonho manifesto. A transformação do conteúdo latente em imagens efetua-se sobre a matéria-prima de objetos e atividades da elaboração onírica. As imagens expressam algo através das peculiaridades do sonho manifesto – clareza ou obscuridade, divisibilidade em partes etc. Ambíguas, muitas vezes absurdas, exigem interpretação.

Freud identifica ainda uma quarta realização, não muito frequente, da elaboração onírica: a elaboração secundária. A sua função é conferir coerência e unidade aos produtos primários da elaboração onírica. O sentido obtido em tal arranjo, por ser confuso, não chega a ter o poder de totalização.

Considerando-se o trabalho do sonho como linguagem, o conteúdo manifesto corresponde ao conceito de significante e o conteúdo latente ao de significado; por sua vez, a condensação encaminha-se para a metáfora e o deslocamento para a metonímia[5]. No inconsciente, os significantes combinam-se metonimicamente por deslocamento, ao passo que a substituição metafórica de uma cadeia significante por outra se dá graças ao mecanismo de condensação. A metaforização dos significantes, efeito do duplo jogo da combinação e substituição no significante, confere expressão, sob forma de figura, ao sintoma e representa, simultaneamente, o desejo satisfeito como experiência alucinatória. Esta figura designa o significante inconsciente ao qual alude ao substituí-lo por outra coisa. Em retórica, esta figura, proposta como resultado da

---

5. Segundo Roman Jakobson ("Linguística e Poética", *Linguística e Comunicação*, São Paulo, Cultrix, 1970), o texto onírico é a projeção do princípio de equivalência do eixo paradigmático, constituído pelo encontro de cenas semelhantes (significantes) com desejos reprimidos similares (significados), sobre o eixo sintagmático, através dos processos de deslocamento e condensação da elaboração primária e secundária. Cf. Flávio R. Kothe, "Linguagem Poética e Linguagem Onírica", *Para Ler Benjamin*, Rio de Janeiro, Francisco Alves, 1976, p. 65.

composição de deslocamento e condensação, é a alegoria: particularizando o significado, aclara-o devido ao seu poder de ressaltar o sensível. É uma operação que exige um movimento prévio de deslocamento para designar o outro reprimido. Este movimento, responsável pela descentração do sonho, é a paródia. Ela desatualiza os significados primitivos, neutraliza-os pelo ridículo, fazendo vir à tona o reprimido e articulando-se, assim, à designação alegórica.

As imagens tropicalistas são construções oníricas; podem ser interpretadas como faz o analista com o sonho, isto é, operando em sentido oposto ao de seu processo de formação. Partindo-se das manifestações paródicas, em que as "relíquias do Brasil" são desatualizadas pela descentração contínua das suas versões correntes, atinge-se a alegoria do Brasil.

A paródia, como o sonho, diz sempre algo diverso daquilo que aparece; o outro a que se refere, entretanto, só pode ser dito através do que é manifesto: estilos, formas artísticas tradicionais, valores típicos (sociais ou individuais). O riso, a zombaria, a ironia, o grotesco, que saltam das construções paródicas, não são meros efeitos, mas alcançam eficácia crítica. Entretanto, ela é essencialmente ambígua: via de regra, é desmistificadora. Como está sempre ligada ao modelo que degrada, enquanto função do arquétipo negado, o riso que provoca pode ser proposto como um substitutivo do reprimido, ou do sentido que poderia ter sido e não pôde ser. Desliza, assim, a paródia da desmistificação para o cinismo ou para o niilismo revolucionário. Por isso presta-se à denúncia das ambiguidades ideológicas de quem a utiliza: ao enfatizar que o sentido das coisas a que se refere não depende de suas virtualidades, revela a importância do jogo das forças contraditórias que operam nas interpretações. A paródia desperta a atenção mais para as versões e imitações do que para os significados primeiros. Quando usada com eficácia, nunca deixa de apresentar-se como crítica de si mesma, o que leva ao paroxismo[6].

A paródia trabalha a cultura, corroendo-a: constitui-se, assim, num dos instrumentos mais importantes de ruptura com o passado. Ela está sempre presente no processo social, sendo até mesmo característica das festas populares. Em países dependentes, como os da América Latina, aparece como uma forma crítica frequentemente involuntária, expressando a confusão dos modelos importados, correspondendo a estágios complexos e saturados. Na vida urbana, transforma os motivos e símbolos, constituídos pela imitação dos mitos difundidos pelos grandes centros e misturados aos mitos de base folclórica dos países colonizados. Expressa, assim, um movimento de descolonização: a desapropriação de um gosto, de produções, sentimentos e valores, que correspondem a um passado

---

6. Cf. Mikhail Bakhtin, "A Tipologia do Discurso na Prosa", em Luís Costa Lima (org.), *Teoria da Literatura em suas Fontes*, São Paulo, Francisco Alves, 1975, p. 216; e Alfredo Bosi, "Paródia, Jogo e Crispação", *O Ser e o Tempo da Poesia*, São Paulo, Cultrix/Edusp, 1977, pp. 165 e ss.

em crise e sobrevivem apenas como ideologia[7]. No Brasil, do modernismo ao tropicalismo, a paródia vem sendo empregada com o objetivo de descolonizar. Em *Macunaíma*, *Serafim Ponte Grande*, *Tropicália*, *Geleia Geral*, o elenco de valores patriarcais, elementos folclóricos, os mitos do desenvolvimentismo, os novos mitos urbanos veiculados pela indústria cultural, são misturados e desatualizados, sempre com humor. Pastiche de estilos, apropriação de fragmentos, imitações, comparecem em profusão. As canções tropicalistas resultam quase sempre da mescla de ritmos brasileiros tradicionais (urbanos ou folclóricos) com ritmos que foram difundidos pelo rádio, disco, televisão e cinema: samba, rumba, baião, ponto de macumba, *rock*, bolero etc.

O processo de descolonização introduzido pela paródia pode ser explicitado quer psicanalítica quer antropologicamente. Já foi feita acima a consideração antropológica; quanto à psicanalítica, deve ser retomada a teoria freudiana do sonho, pois os fenômenos culturais referem-se a sistemas simbólicos. O inconsciente é a lei da cultura; confunde-se com um sistema simbólico que determina os comportamentos dos homens e se realiza neles sem que o saibam. A paródia, ao corroer as relações significativas, permite libertar a palavra da "normalidade" cultural, des-

---

7. Cf. Jean Franco, "La parodie, le grotesque et le carnavalesque", *Idéologie, littérature et société en Amérique Latine*, Bélgica, Éditions de l'Université de Bruxelles, 1975, pp. 57 e ss.

locando o acento e permitindo a reconstituição do reprimido. No fundo, ressalta a discordância entre significado e significante, da qual resulta a repressão, permitindo que o sintoma se manifeste. Assim, a descolonização no nível da cultura coincide com o descentramento do sujeito. O efeito dessa operação corresponde ao esvaziamento da ideologia que mantém os mitos falando, para preservar o reprimido como se fosse uma "natureza", encobrindo a alienação que o produziu.

As imagens tropicalistas apresentam estes dois níveis de descolonização. O procedimento cafona, resultante da conjugação de estágios diferenciados de um mesmo fenômeno cultural, equivale a uma operação descentradora. Já se viu no cafonismo uma adaptação estilística, efetuada pela pressão da modernização, assimilando-o a uma reação localista, provinciana, contra a penetração da moda internacional. Desta perspectiva, o surgimento do tropicalismo foi identificado com a reabilitação do que tinha sido superado, pela transformação do mau gosto em símbolo de contestação no domínio dos comportamentos, através do uso sistemático do deboche. O tropicalismo foi, assim, reduzido à extravagância: o terno branco de tropical, o charuto e chapéu palhinha, o lenço de três pontas no bolsinho do paletó, o concurso de *miss* banana real em que as participantes eram as beldades de Ipanema etc.[8] Mesmo quando se tentou ver

---

8. Cf. A. R. de Sant'Anna, "Tropicalismo! Tropicalismo! Abre as Asas sobre Nós", *Jornal do Brasil*, 2.3.1968. Reproduzido em *Música Popular e Moderna Poesia Brasileira*, Petrópolis, Vozes, 1978, pp. 88 e ss.

no tropicalismo algo além desse folclore, só se chegou, no limite, a assimilá-lo a um vago sentimento de "tropicalidade", tributário de uma volta às "raízes nacionais". Foi reduzido a um efeito psicológico de rápido consumo, com a perda de seu aspecto polêmico e agressivo. A partir dessa redução, Augusto Boal caracterizou equivocadamente o tropicalismo. Este seria romântico, por apenas atacar as aparências da sociedade – "agride o predicado e não o sujeito". Seria, também, homeopático por endossar o objeto de sua crítica, o que se revelaria pela adesão de Caetano e Gil ao programa do Chacrinha. O tropicalismo seria inarticulado porque, prendendo-se à crítica das aparências efêmeras e transitórias, não teria conseguido coordenar sistema algum. Seria tímido e gentil, pois, ao invés de, pelo menos, *épater*, teria conseguido apenas *enchanter les bourgeois*. O tropicalismo seria um simples fenômeno de importação cultural, como cópia dos Beatles. Enfim, o tropicalismo se caracterizaria por completa "ausência de lucidez"[9].

Tal enfoque não capta a especificidade do tropicalismo, pois, segundo o esquema do reflexo, o reduz a um fenômeno de comunicação, cobrando dele uma postura política que não ressalta a sua crítica desconstrutora das ideologias. Ora, o tropicalismo, como qualquer manifestação artística, refere-se ao social, porém esta referência deve ser buscada em seu modo de construção. Segundo

---

9. Augusto Boal, "Que Pensa Você da Arte de Esquerda?", catálogo de apresentação da I Feira Paulista de Opinião, 1968.

a caracterização da paródia, feita anteriormente, o procedimento cafona produz o efeito de uma indeterminação nas canções: a cena que expõe é radicalmente um outro corroído pelo "riso mortuário do eu dessacralizado"[10], um espaço de jogo em que o político não é ordenado por um trabalho que se inscreva nos modos institucionalizados, mas uma prática ou um conjunto de experiências variadas, ainda não determinadas, e tidas como "não sérias"[11]. A ideologia e o sistema social são atingidos pela análise do sujeito na sua relação com a língua e o sexo, pela confusão dos valores estabelecidos, e pela exibição das convenções repressoras. A exposição do absurdo não implica a sua contemplação, podendo levar à desmistificação. O riso cafona é criticado, no fundo, por não traduzir intenções. Estas são tributárias de uma estética que, ao dissociar forma e conteúdo, privilegia a linearidade e a temporalidade do discurso, como ocorria na maior parte das canções da época. Vista à luz da utopia, é certo que a crítica tropicalista pode ser considerada inócua, pois suas manifestações se esgotavam no próprio momento da ocorrência sem propor nenhum modelo que preenchesse o vazio resultante. Compunha uma sintaxe de atos, entendida como semântica, que teve a eficácia de produzir um curto-circuito na música brasileira.

10. J. Kristeva, "Une poétique ruinée", introdução a *La poétique de Dostoievski* de M. Bakhtin, Paris, Seuil, 1970, p. 19.
11. Cf. J.-F. Lyotard, *Des dispositifs pulsionnels*, Paris, UGE, 1973, p. 135 (Col. 10/18).

Finalmente, a especificidade do tropicalismo decorre do fato de ele ser alegórico. Precisando-se o sentido da alegoria tropicalista, pode-se caracterizar melhor a ambiguidade de suas imagens e iluminar a sua dimensão histórica. É exatamente sobre o seu lugar social que se concentra a maior parte das restrições que lhe são dirigidas.

A alegoria realiza uma figuração do significante primeiro, gerada pelo duplo movimento de deslocamento e condensação. É uma formulação de duplo sentido que designa o outro de si mesma. A relação que estabelece entre o sentido primeiro e o figurado é variada; tanto pode desaparecer o primeiro como os dois podem unir-se. Mas este duplo sentido deve estar indicado na escrita alegórica, de maneira explícita[12]. Composta de elementos díspares, concentrando-se em aspectos fragmentários, aparentemente irrelevantes – pois não valem em si, podendo cada um ser substituído por outro –, ela atinge o seu objetivo indiretamente, de maneira alusiva. Propõe-se como enigma a ser decifrado, pressupondo o conhecimento do sistema convencional de signos que elabora.

No caso do tropicalismo, a alegoria articula os *ready made* do mundo patriarcal e do consumo revivenciando, como numa experiência alucinatória, os traços de uma história que não chegou a se realizar. Reatualizando ruínas históricas, faz saltar, como numa iluminação, o reprimido,

---

[12]. Cf. T. Todorov, *Introdução à Literatura Fantástica*, São Paulo, Perspectiva, 1975, p. 71.

presentificando despudoradamente o que se ocultara. Assim, de forma sensível, nas canções tropicalistas, há uma operação que oferece ao ouvinte uma imagem alienada do Brasil e, simultaneamente, um espetáculo de suas indeterminações, chegadas intactas ao presente. Como no processo de deslocamento do sonho, o ouvinte é remetido a algo remoto, advindo disso a estranheza das imagens tropicalistas. Fica com a sensação de que o Brasil é e não é o que se enuncia: este descentramento impede a formação de uma imagem definida, pois a alegoria não aspira a captar o todo no particular. O todo é expulso pelo brilho intermitente de "suas" imagens.

A figuração alegórica não homogeneíza a disparidade, pois tende ao centrífugo, à totalidade apenas sugerida. Por isso, se esquiva da ação da censura, que age quando a figuração se refere a um mundo cheio de sentido, cujos códigos são, portanto, identificáveis. Embora se cristalize em um significado abstrato, a alegoria não se reduz a este aspecto estático-convencional. Ela é também temporal, porque significa sempre algo diverso do que designa. Se, como diz Walter Benjamin, "as alegorias são, no reino do pensamento, o que são as ruínas no reino das coisas" e se propõem a história "como uma petrificada paisagem primitiva", elas temporalizam a imagem abstrata que salta da exposição das ruínas da história[13]. Ao representar o emper-

---

13. Walter Benjamin, *Il Dramma Barocco Tedesco*, 2. ed., Torino, Einaudi, 1971, pp. 188 e 174.

ramento da história, a alegoria não o faz em nome de uma saudade de um paraíso perdido, sempre prestes a renascer sob forma de utopia: enquanto cifra das ruínas, algumas ainda ativas, permite reconstruir a formação da história, desmistificando o processo de seu ocultamento.

Assim compreendida, a alegoria tropicalista das "relíquias do Brasil" não petrifica o absurdo como um mal eterno[14]. As ambiguidades da linguagem tropicalista não podem ser debitadas a uma visão fatalista, em que a história é tida como decadência, porquanto não há originalidade primitiva alguma a recuperar. O tropicalismo atualiza versões do passado, expondo-as como objetos a ver, através do brilho intermitente de imagens que fisgam as indeterminações do Brasil e afirmando que ele não chegou a ser.

Pode-se dizer que o tropicalismo considera a alegoria como procedimento. Em sua acepção representativa, a designação é subsumida no todo: a alegoria designa para significar, com o que o sensível é apenas transitivo. Com o tropicalismo, pela ênfase nos processos, instala-se a intransitividade: o sensível-fragmento torna-se independente através do conflito com a significação. Por isso, o seu tema não é o Brasil, seu trabalho é, antes, o de estilhaçá-lo – as imagens-alegorias, parodiando-o, rompem a totalidade. Dizer que o tropicalismo é representação de representação é excluir a reduplicação: esvaziadas de seu conteúdo representativo, as imagens tornam-se formas cuja significação

---

14. Cf. Roberto Schwarz, art. cit., pp. 57-58.

nasce do tráfego que as governa. Instala-se a dissonância: os contrários coabitam, se superpõem, se identificam, gerando sincretismo e indiferenciação – metamorfose pura, o reino da diferença. Nesta permutabilidade contínua no heteróclito, fluxo constante e descontínuo de imagens, é excluída toda ideia de totalidade ou de totalização. Daí o caráter ativo e subversivo da alegoria tropicalista, pois, ao libertar o desejo da totalidade, lança-o no fragmentário puro. O fragmento é agressivo porque ironiza o todo, desapropriado pela operação parodística: é neste sentido que se pode dizer que o tropicalismo é interpretação de interpretação.

O conflito entre designação e significação instala o ouvinte numa tensão insuportável, exigindo dele a invenção de novos códigos para apreender a canção, pois os anteriores (de sua expectativa) filtravam o Brasil como totalidade. As imagens tropicalistas paralisam o ouvinte, desmobilizam-no, suscitando a produção, cujo efeito é mostrar que as demais vias do todo a nada levam. O tropicalismo é desmistificador: expulsando o todo-Brasil, gera o "vazio", um campo investido pelas pulsões. O desejo, passando pelos fragmentos, desterritorializa os investimentos regrados.

Ao valorizar fragmentos justapostos, o tropicalismo suprime a cultura veiculada pelo nacionalismo burguês e de classe média que, frequentemente, opõe o Brasil ao capitalismo internacional e à indústria cultural, avatar da burguesia nacional dependente. Por ser *cool*, o fragmento se afirma como tal, não precisando remeter a algo diferente, como ocorre na representação em seu sentido clássico. Através da parodização dos fragmentos (estilemas, símbolos de *status* etc.), o tropicalismo é a linguagem do dominado: desmontando ativamente o que vem do centro, da indústria cultural, sem entretanto apresentar qualquer projeto prévio, o tropicalismo, ao invés de ser plangente, saudosista, apresenta um tom afirmativo: daí a alegria que explode através de suas canções, alegria de destruir. O prazer que circula não é um resíduo ingênuo, antes "é uma deriva, algo ao mesmo tempo revolucionário e associal, que não pode ser dominado por nenhuma coletividade, nenhuma mentalidade, nenhum idioleto"; o prazer "é escandaloso, não por ser imoral, mas por ser atópico"[15].

Pode parecer paradoxal que a alegria das canções tropicalistas coexista com a melancolia de canções como *Lindoneia*, *Mamãe Coragem*, *Baby* e *Luzia Luluza*. Entretanto, a melancolia tropicalista, por se vincular a imagens-alegorias, irredutíveis à óptica convencional, é ativa e corrosiva: recusando a amargura e o ressentimento, não lhe falta humor e derrisão. Articulando os fragmentos perversos do desejo decepcionado, desmonta os dispositivos que o capitalismo monta para capturar o desejo. A melancolia, cujo objeto era o épico que não existe, passava pela metáfora; no tropicalismo, torna-se metonímia. Não alude mais à falta de algo que pressupõe a bela totalidade

---

15. Roland Barthes, *Le plaisir du texte*, Paris, Seuil, 1973, pp. 38-39.

perseguida pelo desejo sempre frustrado do colecionador (o ouvinte-consumidor). No tropicalismo, os objetos do ouvinte-consumidor são representações de um passado ou presente ruinosos em que o desejo se decepcionou, quando percebidos como mercadoria. As imagens não consolam, como que a demonstrar que não há conciliação entre o capital e o desejo. Nelas, certamente, alguém pode reconhecer-se, mas como são fragmentos perversos da realidade, a interioridade é violentada ao se surpreender objetivada; as belas tolices da sala de jantar – ideais, sentimentos – aparecem na cena fantasmática.

Essas imagens também acenam para uma violência igualmente arruinável. Entretanto, o desejo, que poderia oscilar entre o vazio e a saciedade, entre o absurdo e a plenitude de sentido, acenando para a morte como seu último termo, não se deixa capturar pela contradição dos significados. Mas a violência exercida pelo humor passa ao largo das contradições, não afirmando a ruína dos fragmentos tomados como partes de uma totalidade. Através dessas imagens, o tropicalismo atesta que não há trégua, que o inconsciente ainda é vendido se tratado como algo codificável; daí seu incessante movimento de devoração que recusa ancorar-se em significados já fixados:

Navegar é preciso,
viver não é preciso.

O CARNAVAL TROPICALISTA

> *O que a gente tem feito, de uma certa forma, está muito ligado com a forma do carnaval baiano.*
> *[...]*
> *Agora, eu não quero discutir o negócio da convenção ser de três dias: e depois, saber em que medida essa explosão pode se generalizar, pode se estender para o ano inteiro. Eu não tenho nenhuma proposta política a fazer sobre o assunto. Não é omissão, não. Não é, também, que o carnaval sugira uma sociedade ideal, não. O carnaval, nesta sociedade real, desempenha um papel fundamental. Terapia, também. É estética. É uma força cega, pode ser política.*
>
> CAETANO VELOSO[16]

O carnaval não foi, para os tropicalistas, um simples motivo. O seu interesse pela festa popular estendeu-se também aos comportamentos e à estrutura das canções, tornando-se linguagem e determinando a forma do movimento. Nas apresentações públicas, nas roupas, nas entrevistas e no processo de criação, o carnaval, tal como foi institucionalizado no Ocidente, acontecia como festa periódica e como linguagem. O interesse pela festa, enquanto "acontecimento religioso da raça"[17], já havia sido mostrado pelos modernistas em sua pesquisa sobre a originalidade nacional. Para estes, o carnaval constituía uma

---

16. Caetano Veloso, *Alegria, Alegria*, Rio de Janeiro, Pedra Q Ronca, 1977, pp. 97-98.
17. *Manifesto Pau-Brasil.*

categoria preliminar da cultura brasileira: um fato marcante da "raça", ao lado das culinárias regionais, do barroco mineiro e dos mitos indígenas[18]. Mas não pararam nisso os modernistas: transpuseram para a produção de obras seu interesse antropológico, incorporando a percepção carnavalesca do mundo como linguagem. Os *Manifestos*, *João Miramar*, *Serafim Ponte Grande*, de Oswald de Andrade, e *Macunaíma*, de Mário de Andrade, são representações carnavalescas. O tropicalismo reabre este interesse, vinculando-o a produções musicais, teatrais e cinematográficas desligadas da base etnológica do modernismo e informadas pela contemporaneidade.

É preciso, assim, reconsiderar as festas carnavalescas e apreender como se dá a interiorização do carnaval na arte, para caracterizar então o carnaval tropicalista. Os trabalhos de Mikhail Bakhtin e Julia Kristeva fornecem subsídios para isso[19].

O carnaval caracteriza-se, sobretudo, pela inversão de hierarquias, através do exagero grotesco de personagens, fatos e clichês. Abole a distância entre os homens, entre o sagrado e o profano, entre o sublime e o insignificante,

---

18. Cf. Benedito Nunes, "Cultura e Ficção – A Interiorização do Carnaval na Literatura Brasileira", *O Estado de S. Paulo*, Suplemento Literário, 22.9.1974.
19. Mikhail Bakhtin, *L'Oeuvre de François Rabelais et la culture populaire au Moyen Âge et sous la Renaissance*, Paris, Gallimard, 1970; *La poétique de Dostoievski*, Paris, Seuil, 1970. Julia Kristeva, "A Palavra, o Diálogo e o Romance", *Introdução à Semanálise*, São Paulo, Perspectiva, 1974.

entre o cômico e o sério, entre o alto e o baixo etc., relativizando todos os valores. Na visão carnavalesca de mundo, a realidade está em constante transformação, pois instala um espaço de jogo em que as dissonâncias e contrastes permanecem como uma luta contínua de forças contraditórias. O rito carnavalesco é ambivalente: é a festa do tempo destruidor e regenerador. Introduz no tempo cotidiano um outro tempo, o de mistura de valores, de reversão de papéis sociais – tempo do disfarce e da confusão entre realidade e aparência. Provoca ações em que a intimidade é exteriorizada dramaticamente, contrariando a vida "normalizada". Participar do carnaval é ser, ao mesmo tempo, ator e espectador, é perder a consciência de indivíduo, desdobrando-se em sujeito e objeto do espetáculo e do jogo. O carnaval faz voltar o reprimido: traz à tona o inconsciente, o sexo e a morte. Por isso é marcado por uma gestualística da incontinência e da obscenidade, e, em oposição ao decoro da linguagem permitida, valoriza o corpo: é o que Bakhtin denomina "realismo grotesco". Neste, o material e o corporal metamorfoseiam-se em imagens grotescas.

Este realismo encontrado na cultura popular medieval e renascentista foi associado a um tipo de comicidade literária e a um vocabulário muito livre, de efeito paródico, que provocava o riso tragicômico, lançado contra tudo e contra todos. Este riso foi abafado pelos cânones do racionalismo e pela ideologia da Ilustração, sendo reativado por quase toda a literatura moderna, principalmente pelos textos de vanguarda, em sua oposição aos valores consagrados e em seu processo de descompartimentar as linguagens. Entretanto, Bakhtin aponta para a diferença entre a paródia de base carnavalesca e a paródia moderna. Esta converte-se num processo negativo e formal, privado de ambivalência regeneradora, pois a negação pura e simples é estranha à cultura popular. É próprio dessa cultura o riso carnavalesco, que não é puramente paródico. No carnaval moderno, desaparece o contato corpo a corpo, subindo a festa ao palco e convertendo-se o povo em espectador. A paródia não perde o seu poder de desmistificação, embora limitado: não passa de uma construção que se refere a outra. A parodização é um efeito discursivo que desmonta o discurso-objeto, tido como centro.

A percepção carnavalesca do mundo, integrada pela literatura e pela arte, originou produções que, absorvendo a ambivalência do carnaval – seu sincretismo, sua excentricidade –, implicaram uma linguagem estruturada segundo a lógica do sonho. Assim como na cena carnavalesca misturam-se jogo e sonho, discurso e espetáculo, em que se manifestam os interditos e sua transgressão, na carnavalização da linguagem são dramatizadas as palavras. Suprime-se dessa maneira o sujeito, com o que o texto carnavalesco não é ideológico: ele é um dispositivo que expõe as ideologias exaurindo-as na sua confrontação[20].

O tropicalismo tentou reapropriar-se do realismo grotesco das festas carnavalescas populares, ainda per-

---

20. Julia Kristeva, "Une poétique ruinée", *op. cit.*, p. 18.

sistentes no folclore, no circo, na piada, na gíria, nos chavões e nos provérbios, ainda que de forma edulcorada e estilizada. O interesse que os tropicalistas manifestaram pelo programa do Chacrinha não foi casual, pois a sua estrutura básica remetia ao circo, ao parque de diversões e ao carnaval de rua. Nele ocorria o cruzamento de tempos e acontecimentos na cena tragicômica do picadeiro, onde se expunham todas as espécies de insinuações e aspectos "baixos" da vivência popular. O riso franco e libertário confina burlescamente com a piedade e resvala para a satisfação simbólica. Indiferente, Chacrinha oficiava o carnaval, rito de renovação do que, no palco, degenerava. Ao vivo ou no vídeo, o centro de todos os olhares era o corpo do Chacrinha, sua barriga grotescamente monumentalizada por roupa e bugigangas, ou o rosto, os gestos desengonçados dos cantores-atores, e suas roupas imitando a moda – classe média –, enfim a feiura cotidiana. A cena da *Buzina do Chacrinha* apareceu em *Tropicália*, canção prototípica do movimento. Constituiu, também, a matriz dos programas de televisão Divino Maravilhoso e da apresentação, por Caetano, no III Festival Internacional de Música Popular, de *É Proibido Proibir*. Essas tentativas foram, entretanto, sumárias, pois enfrentavam manifestações institucionalizadas, que se caracterizavam pelo distanciamento do público e por uma representação contida no sistema dos espetáculos.

Não é neste tipo de manifestação que se pode ver o aproveitamento do carnaval pelo tropicalismo; mesmo assim, ele contribuiu para redimensionar a atividade artística no Brasil, principalmente em música e teatro.

É na construção das canções que se encontra interiorizado o discurso do carnaval. Identifica-se nelas a linguagem de mistura; feita de ambivalências, ausência de sujeito, integração do grotesco, riso tragicômico, oposição entre espaço aberto e fechado, entre tempo de espera e movimento, mistura de ritmos populares em formas cultas de música, requinte estético de construção do texto e uso de chavões parnasianos. No caldeirão antropofágico tudo remete a tudo, produzindo-se uma relativização alegre dos valores em conflito e uma degradação contínua da informação. Cafona, a cena tropicalista excita o riso e gera um vazio que provém da corrosão do oficialismo que controla os valores da cultura. No tropicalismo, a festa não tem valor regenerador; o vazio permanece vazio, sendo então preenchido pelo desejo e pela violência. Alude a uma outra cena, alegórica, em que "a alegria é a prova dos nove".

TROPICALISMO, MERCADO, PARTICIPAÇÃO

> *Se vocês, em política, forem como são em estética, estamos feitos!*
>
> CAETANO VELOSO

Não se pode pensar o tropicalismo, enquanto tributário da festa carnavalesca, sem se considerar que o lugar social da canção é mediatizado pelo aspecto mercadoria. O conteúdo social espontâneo que se manifesta, se não se refere diretamente ao social, a ele continua vinculado. Mesmo as resistências, que se podem manifestar na canção contra pressões ideológicas, acabam sendo determinadas e expressas pelas relações objetivas[1]. Assim, se o carnaval implica processo de mudança, relativização dos valores sociais, como pode compor-se com a inevitável ordem do mercado que, como instância objetiva dos produtos artís-

---

1. Cf. T. W. Adorno, "Conferência sobre Lírica e Sociedade", São Paulo, Abril Cultural, 1975, pp. 205-206 (Os Pensadores, vol. XLVIII).

ticos, tende a neutralizar qualquer tentativa de ruptura?[2] Principalmente porque a canção se tornou, na sociedade de massas, um dos objetos de consumo mais presentes no cotidiano, submetendo as pessoas a um banho contínuo de sons e mensagens, tornando-se o suporte ideal para a circulação da ideologia, já que esta não se liga tanto ao objeto musical, mas aos lugares e momentos em que circula. Por estar inscrita no capitalismo, a canção, enquanto música comercial, transforma em valor de troca os afetos e representantes de pulsões, pois a sua produção visa à exploração do inesgotável mercado do desejo[3]. Geralmente isto é feito através da adaptação dos produtos artísticos às normas estéticas de consumo.

Compreende-se, assim, o controle sobre a música popular, exercido principalmente através do ritmo, índice do convencional. Basta verificar a prevalência da regularidade e simplicidade dos ritmos que são comercializados: neles se manifestam as normas estéticas dominantes – clareza, equilíbrio, controle, civismo. O controle ocorre até mesmo com os produtos de vanguarda. Embora as atividades de vanguarda pretendam designar uma oposição ao capitalismo, seus produtos se apresentam como "a oferta de um fetiche mais misterioso do que qualquer outro, a oferta de uma mercadoria pela qual ainda não havia nenhuma

---

2. Cf. E. Sanguineti, "Sociologia da Vanguarda", em Luís Costa Lima (org.), *Teoria da Cultura de Massa*, Rio de Janeiro, Saga, 1970, pp. 259 e ss.
3. J.-F. Lyotard & D. Avron, "A Few Words to Sing" (sur *Sequenza III* de Berio), *Musique en Jeu – 2*, Paris, Seuil, 1971, p. 35.

procura reconhecida"[4]. Sendo esvaziada sua pretensão de violentar as convenções, a novidade de linguagem é normalizada e consumida: aquilo que realmente tem interesse estético é consumido apenas como extravagância. É o que ocorre com os choques: selecionados e diluídos pelo mercado, são transformados em meros excitantes.

Para não elidir a questão do controle, os artistas vêm tentando explorar, em suas produções, a ambiguidade de crítica e inserção no mercado. Se, por um lado, a atividade artística se realiza inevitavelmente segundo a ordem do mercado, por outro, não deixa de se afirmar como tentativa de transformação da sensibilidade, das convenções, dos comportamentos. Esta possibilidade tem sido explorada segundo, ao menos, duas direções: por um trabalho de metalinguagem, de reflexividade do processo artístico, e pela explicitação dos mecanismos de produção da arte, conforme a situação.

Os tropicalistas não ignoravam a discussão; antes, partiram dela, tomando o aspecto comercial de sua atividade como um dado[5]. Compartilhavam do cinismo com que a vanguarda assume a ambiguidade existente entre mercado e crítica da sociedade capitalista. Não consideravam o compromisso com esta ambiguidade como uma "contaminação" ou "prostituição inelutável" do artista.

---

4. E. Sanguineti, *op. cit.*, p. 261.
5. Caetano: "O que me interessou a princípio foi o problema da música comercial no Brasil" (cf. entrevista a *O Pasquim*, n. 84, 11-17.2.1971).

Incorporando o lucro na atividade artística, eliminaram o "persuasor oculto" que, introduzindo-se entre o artista e o consumidor, pretende fazer crer que o consumo de arte é neutro[6]. No tropicalismo, a colocação do aspecto estético e do aspecto mercadoria no mesmo plano faz parte do processo de dessacralização, da estratégia que dialetiza o sistema de produção de arte no Brasil por distanciamento-aproximação do objeto-mercadoria. Esta posição destoava de outras, quer de esquerda, quer de direita, que, embora com justificativas diversas, condenavam, unanimemente, o envolvimento comercial da arte, considerado naquele momento como compromisso com a indústria cultural. A atitude dos tropicalistas foi de desafio frente ao maniqueísmo cultural, conforme a "convocação" bem-humorada de Rogério Duprat:

> Mas, e vocês, mal saídos do calor do borralho, vocês baianos, terão coragem de procurar comigo? [...] como receberão a notícia de que um disco é feito para vender? [...] Sabem vocês o risco que correm? Sabem que podem ganhar muito dinheiro com isso? Terão coragem de ganhar muito dinheiro?[7]

O trabalho dos tropicalistas não fazia distinção, assim, entre o emprego das técnicas, tornadas possíveis pela situação industrial e o envolvimento comercial, e a crítica da sociedade e da produção artística. Não lhes era possível

---

6. Cf. E. Sanguineti, *Ideologia e Linguagem*, Porto, Portucalense, 1972, p. 57.
7. Contracapa do LP *Tropicália ou Panis et Circencis*.

apropriar-se dos recursos eletrônicos e, ao mesmo tempo, separar-se do sistema de produção que lhes oferecia esses recursos.

Comprometido com a questão da participação política dos artistas, o público a que se dirige o trabalho dos tropicalistas repudiou-lhes a postura, tachando-a de reacionária e considerando-a uma agressão contra a música popular brasileira: lembre-se a vaia dirigida a Caetano e Gil no III Festival Internacional da Canção Popular, em 1968. No discurso-*happening*, então pronunciado, Caetano proclamou a não inocência dos tropicalistas quanto ao envolvimento comercial dos festivais, sua coragem de assumir o problema, vituperando o reducionismo das críticas que recebiam.

> Nós não entramos no festival desconhecendo tudo isto. Nunca ninguém nos viu falar assim. [...] Tivemos coragem de entrar em todas as estruturas. [...] Se vocês, em política, forem como são em estética, estamos feitos! [...] O problema é o seguinte: estão querendo policiar a música brasileira[8].

Em entrevista posterior, rememorou o acontecimento:

> A vaia que recebi foi dada por um grupo que quis repudiar o que consideravam uma agressão à música popular brasileira. Infelizmente, foi uma atitude bastante reacionária. [...] Entrei no

---

8. Cf. *Ambiente de Festival*, compacto Philips, n. 365.257 PB, gravado ao vivo no Tuca, 15.9.1968.

festival para destruir a ideia que o público universitário *soi disant* de esquerda faz dele. Eles pensam que o festival é uma arma defensiva da tradição da música popular brasileira. Mas a verdade é que o festival é um meio lucrativo que as televisões descobriram. [...] Muita gente vem dizendo que se deve fazer música pensando nas nossas tradições, no folclore. Eu só entendo que se faça alguma coisa que diga o que está acontecendo agora, no Rio, em São Paulo, no Brasil. O meu diálogo é o de agora, é a pergunta: o que está acontecendo?[9]

Julgar a atividade tropicalista como um simples ajustamento ao mercado seria, portanto, reduzir o alcance de sua intervenção na música brasileira. Pois, se é verdade que os tropicalistas não se opuseram à exploração sensacionalista, tendo mesmo se divertido com ela, já que tinham um compromisso com o sucesso, por que esta atitude deveria excluir qualquer possibilidade crítica? Não seria exigir retidão heroica e uma prática política sem ambiguidades por parte dos artistas que, na modernidade, têm encarnado a função histórica de figurar uma dada situação através do deslocamento dos signos institucionalizados – deslocamento que se daria, principalmente, pela subversão do efeito de participação?

Os tropicalistas mantiveram-se a distância do engajamento por entenderem que, devido à capacidade do mercado de frear as inovações, só a explicitação indireta,

---

9. Cf. Luiz Carlos Maciel, "Caetano: 1965 a 1971", *Jornal de Amenidades*, Rio de Janeiro, 1971, p. 22.

resistente à comunicação fácil, poderia constituir uma prática política para além da "generosidade". Daí a afirmação de Caetano: "A arte não salva nada nem ninguém, mas [...] é uma das nossas faces"[10]. Uma experiência artística radical não poderia deixar de investir contra a ordem social estabelecida, embora sem se restringir às tarefas revolucionárias. O trabalho deles foi especificamente artístico, mas a política não estava ausente pois responderam à situação decorrente do movimento militar de 1964, ao produzir a linguagem de mistura, que corrói as ideologias em conflito e rompe o círculo do bom gosto ou das formas eleitas, dialetizando a produção cultural. Desarticularam, assim, a própria linguagem de classe que constituía o material de seu trabalho. Através da devoração, desmistificaram as relações dessa linguagem com as classes (burguesia e parte da classe média em ascensão) que nela se reconheciam e que era defendida pelo grupo no poder. Embora operando na faixa do consumo dessas classes, a produção tropicalista não é, portanto, a mera expressão mecânica do grupo no poder[11]. O esquematismo escamoteia a forma específica de atuação do tropicalismo: não se deve partir de um pressuposto genérico – como a ideia apriorística de cultura, entendida como um todo indiferenciado, enquanto remetido a uma classe ou à unidade de frações de classe – para analisar concre-

---

10. *Revista Civilização Brasileira*, n. 7, 1966, p. 384.
11. Cf. E. Sanguineti, *Ideologia e Linguagem*, pp. 64-65.

tamente uma situação histórica. É preciso levar em conta as mediações.

A singularidade do tropicalismo se revela na situação em que apareceu, quando comparada com a ideologia do "protesto". Na década de 1960, sobretudo após o golpe de 1964, esta corrente artística, de inspiração populista, obteve muito sucesso, repercutindo nos meios intelectuais de esquerda, devido à sua tônica agressiva e à sua ampla difusão em discos, espetáculos e festivais de música popular. Constituiu-se numa forma adequada de expressão do inconformismo, por parte de muitos artistas, sendo elevada à condição de estratégia de resistência política. Espelhou com eficácia as insatisfações de um público basicamente universitário ou intelectualizado.

A música de protesto nada modificou no que diz respeito à linguagem da música popular. Além da atitude política que veiculou, impulsionou o samba, aproveitou o folclore, a música rural ou urbana e definiu uma forma expressiva de cantar. Esta caracterização é, entretanto, genérica: os compositores e cantores que se alinharam sob esta proposta realizaram-na de maneiras diversas, quer quanto ao texto, quer quanto à música. Alguns vinham da bossa nova (Carlos Lyra, Vinícius de Morais, Nara Leão, Sérgio Ricardo), outros do morro (Zé Kéti) e os mais novos ou surgiram dos festivais (Chico Buarque de Holanda, Milton Nascimento, Geraldo Vandré, Fernando Lona) ou de espetáculos como *Arena Conta Zumbi* e *Opinião* (João do Vale, Maria Bethânia, Gilberto Gil).

Todos esses músicos e cantores, ao lado de poetas, cineastas, teatrólogos e artistas plásticos, uniram-se, apesar de suas peculiaridades de estilo, em torno de um projeto: falar do país, denunciar a miséria, a exploração de grupos econômicos, a dominação estrangeira, o autoritarismo político, a repressão; falar por aqueles que não podiam – os pobres da cidade e do campo.

A música de protesto privilegiou o tema – tratado segundo formas poéticas consagradas – em detrimento do material musical. Desenvolveu arranjos requintados, principalmente quanto à harmonização, visando ao reforço da mensagem, acontecendo o mesmo com a interpretação: forte, gritada, gestualística. As músicas oscilavam entre as incisivamente participantes, que visavam a sacudir o ouvinte, e as preponderantemente líricas, que, apesar de sentimentais, saudosistas e intimistas, não deixavam de se referir às questões sociais. Do intimismo à agressão, a música de protesto definiu o seu estilo emotivo. Apesar de arrebatado e intencionalmente participante, o projeto descaía, quase sempre, em efeitos de consolação[12].

A música de protesto queria dizer a verdade da realidade brasileira, fixando-se no presente. Reativou as formas tradicionais da canção urbana (sambão, sambinha, marcha-rancho, modinha, cantiga de roda, ciranda, frevo),

---

12. Esta análise da música de protesto acompanha dois estudos fundamentais: W. N. Galvão, "MMPB: Uma Análise Ideológica", *Aparte*, n. 2, maio--jun., 1968; O. C. Louzada Filho, "A Festa da Bossa: Impacto, Sintaxe e Declínio", *Tempo Brasileiro*, n. 19-20, s/d.

as da música rural (moda de viola, samba de roda, desafio) e valorizou personagens típicas (o boiadeiro, o cangaceiro, o marinheiro, o retirante, o violeiro, o homem do morro). Tematicamente, pretendia desmistificar a ideologia ufanista, centrada em lugares-comuns (a beleza do morro, a força que vem da vida sertaneja, a vida simples e bela), propondo, de forma épica ou lírica, uma intervenção no sistema que mantinha tais mitos. O modelo desta proposta era a denúncia e a exortação.

Surpreende-se na canção de protesto uma separação entre forma e conteúdo; não se percebem nela exigências quanto à linguagem para que se supere a distância entre intenção social e realização estética; esta distância é suprida pelo envolvimento emocional do ouvinte. Constrói painéis, de fundo expressionista, visando à universalidade, mas captando-a através de determinações abstratas como caracteres e mitos: "povo", "país", "realidade nacional". Empregando as formas tradicionais da canção, tenta inserir-se na linguagem supostamente do povo para garantir a comunicação e, com isso, a conscientização. A sintaxe de que se serve situa no mesmo nível a linguagem do universo mítico narrado e a do circuito a que se dirige.

Em suas intenções conscientizadoras, a música de protesto não passa de fala-para-o-operário. Ao falar da miséria proletária, esses artistas, através de um jogo de espelhos, afirmam-se em sua condição, de modo que a música resulta em mecanismo de compensação. O problema social esgota-se emotivamente na fala, a ação identifica-se com o cantar: a má consciência é apenas exorcizada. Pretendendo-se revolucionária, a música de protesto é puramente catártica, induzindo a uma visão piedosa e fascinante da miséria. A este fenômeno pode-se aplicar a expressão de Caetano Veloso: "folclorização do subdesenvolvimento".

As contradições da música de protesto desencadearam um processo de tomada de consciência dos problemas políticos e culturais do país, através de uma linguagem especular. Pode-se dizer que seu maniqueísmo desenvolveu uma técnica peculiar: para canalizar as energias que se liberavam no protesto, os procedimentos utilizados, em termos de letra, ritmo, melodia, arranjo, vocalização, levavam à exortação, caracterização grosseira de tipos, simplificações analíticas.

Essa caracterização da música de protesto ressalta por oposição a atitude de ruptura do tropicalismo. Este, superando a dicotomia forma-conteúdo, a intencionalidade e a expressividade, instaura uma forma de canção ainda não praticada no Brasil. Ao invés de expressar a realidade, desmonta, pela crítica da linguagem da canção, a ideia mesma de realidade brasileira, e a de tipos característicos – mesmo porque nele não há sujeito. O Brasil não é tratado como essência mítica, perdida – espécie de paraíso devastado. Pela alegorização das inconsistências ideológicas, e pela desmontagem de suas imagens-ruínas colecionadas no imaginário, estilhaça-se o Brasil. A prática que dessacraliza essas imagens coincide com a que critica a canção tradicional: a atividade tropicalista opera, portanto, na linguagem da canção, sem que com isso seja recalcado o político.

LETRAS DE CANÇÕES

Alegria, Alegria
CAETANO VELOSO

caminhando contra o vento
sem lenço sem documento
no sol de quase dezembro
eu vou

o sol se reparte em crimes
espaçonaves guerrilhas
em cardinales bonitas
eu vou

em caras de presidentes
em grandes beijos de amor
em dentes pernas bandeiras
bomba ou brigitte bardot

o sol nas bancas de revista
me enche de alegria e preguiça
quem lê tanta notícia
eu vou

por entre fatos e nomes
os olhos cheios de cores
o peito cheio de amores
vãos

eu vou

por que não? por que não?

ela pensa em casamento
e eu nunca mais fui à escola
sem lenço sem documento
eu vou

eu tomo uma coca-cola
ela pensa em casamento
uma canção me consola
eu vou

por entre fotos e nomes
sem livros e sem fuzil
sem fome sem telefone
no coração do brasil

ela nem sabe até pensei
em cantar na televisão
o sol é tão bonito
eu vou

sem lenço sem documento
nada no bolso ou nas mãos
eu quero seguir vivendo
amor

eu vou

por que não? por que não?

Domingo no Parque
GILBERTO GIL

o rei da brincadeira – ê josé
o rei da confusão – ê joão
um trabalhava na feira – ê josé
outro na construção – ê joão

a semana passada no fim da semana
joão resolveu não brigar
no domingo de tarde saiu apressado
e não foi pra ribeira jogar

capoeira
não foi lá pra ribeira
foi namorar

o josé como sempre no fim da semana
guardou a barraca e sumiu
foi fazer no domingo um passeio
                               no parque
lá perto da boca do rio
foi no parque que ele avistou
juliana
foi que ele viu
juliana na roda com joão
uma rosa e um sorvete na mão
juliana seu sonho uma ilusão
juliana e o amigo joão
o espinho da rosa feriu zé

e o sorvete gelou seu coração
o sorvete e a rosa – ê josé
a rosa e o sorvete – ê josé
ôi dançando no peito – ê josé
do josé brincalhão – ê josé
o sorvete e a rosa – ê josé
a rosa e o sorvete – ê josé

ôi girando na mente – ê josé
do josé brincalhão – ê josé
juliana girando – ôi girando
ôi na roda gigante – ôi girando
ôi na roda gigante – ôi girando
o amigo joão – joão

o sorvete é morango – é vermelho
ôi girando e a rosa – é vermelha
ôi girando girando – olha a faca
olha o sangue na mão – ê josé
juliana no chão – ê josé
outro corpo caído – ê josé
seu amigo joão – ê josé

amanhã não tem feira – ê josé
não tem mais construção – ê joão
não tem mais brincadeira – ê josé
não tem mais confusão – ê joão

Tropicália
CAETANO VELOSO

sobre a cabeça os aviões
sob os meus pés os caminhões
aponta contra os chapadões
meu nariz

eu organizo o movimento
eu oriento o carnaval
eu inauguro o monumento
no planalto central
do país

viva a bossa-sa-sa
viva a palho-ça-ça-ça-ça

o monumento é de papel crepon
e prata
os olhos verdes da mulata
a cabeleira esconde atrás
da verde mata
o luar do sertão

o monumento não tem porta
a entrada é uma rua antiga
estreita e torta
e no joelho uma criança
sorridente feia e morta
estende a mão

viva a mata-ta-ta
viva a mulata-ta-ta-ta

no pátio interno há uma piscina
com água azul de amaralina
coqueiro brisa e fala nordestina
e faróis

na mão direita tem uma roseira
autenticando eterna primavera
e nos jardins os urubus passeiam
a tarde inteira entre os girassóis

viva maria-ia-ia
viva a bahia-ia-ia-ia-ia

no pulso esquerdo um bang-bang
em suas veias corre muito
pouco sangue
mas seu coração balança a um
samba de tamborim

emite acordes dissonantes
pelos cinco mil alto-falantes
senhoras e senhores ele põe os
olhos grandes sobre mim

viva iracema-ma-ma
viva ipanema-ma-ma-ma-ma

domingo é o fino da bossa
segunda-feira está na fossa
terça-feira vai à roça
porém

o monumento é bem moderno
não disse nada do modelo
do meu terno
que tudo mais vá pro inferno
meu bem
que tudo mais vá pro inferno
meu bem

viva a banda-da-da
carmem miranda-da-da-da-da

Canções do LP *Tropicália ou Panis et Circencis*

Miserere Nobis
GIL & CAPINAM

miserere re nobis
ora ora pro nobis
é no sempre será ôi-iá-iá
é no sempre sempre serão

já não somos como na chegada
calados e magros esperando
o jantar
na borda do prato se limita
a janta
as espinhas do peixe de volta
pro mar

miserere re nobis
etc.

tomara que um dia dia
um dia seja
para todos e sempre a mesma
cerveja
tomara que um dia dia
um dia não
para todos e sempre metade
do pão

tomara que um dia dia
um dia seja
que seja de linho a toalha
da mesa
tomara que um dia dia
um dia não
na mesa da gente tem banana
e feijão

miserere re nobis
etc.

já não somos como na chegada
o sol já é claro
nas águas quietas do mangue
derramemos vinho no linho
da mesa
molhada de vinho e manchada
de sangue

miserere re nobis
etc.

bê-rê-a-bra-si-i-lê-sil
fê-u-fu-z-i-lê-zil
c-a-ca-nê-h-a-o-til-ão
ora pro nobis
ora pro nobis

miserere re nobis
etc.

Coração Materno
VICENTE CELESTINO

Disse um campônio à sua amada
Minha idolatrada
Diga o que quer
Por ti vou matar
Vou roubar
Embora tristezas me causes, mulher
Provar quero eu que te quero
Venero teus olhos, teu porte, teu ser
Mas diga, tua ordem espero
Por ti não importa matar ou morrer!
E ela disse ao campônio a brincar:
Se é verdade tua louca paixão
Parte já e pra mim vai buscar
De tua mãe inteiro o coração
E a correr o campônio partiu
Como um raio na estrada sumiu
E sua amada qual louca ficou
A chorar na estrada tombou

Chega à choupana o campônio
Encontra a mãezinha ajoelhada a rezar
Rasga-lhe o peito o demônio
Tombando a velhinha aos pés do altar
Tira do peito sangrando
Da velha mãezinha o pobre coração
E volta a correr proclamando:
"Vitória! Vitória! De minha paixão!"
Mas em meio da estrada caiu
E na queda uma perna partiu
E a distância saltou-lhe da mão
Sobre a terra o pobre coração
Nesse instante uma voz ecoou:
"Magoou-se, pobre filho meu?
Vem buscar-me, filho, aqui estou
Vem buscar-me, que ainda sou teu!"

Panis et Circenses
CAETANO & GIL

eu quis cantar
minha canção iluminada
de sol
soltei os panos sobre os mastros
no ar
soltei os tigres e os leões
nos quintais
mas as pessoas na sala
de jantar
são ocupadas em nascer
e morrer
mandei fazer
de puro aço luminoso
um punhal
para matar o meu amor
e matei
às cinco horas na avenida central

mas as pessoas na sala
de jantar
são ocupadas em nascer
e morrer
mandei plantar
folhas de sonho no jardim
do solar
as folhas sabem procurar
pelo sol
e as raízes procurar
procurar
mas as pessoas na sala
de jantar
são ocupadas em nascer
e morrer
essas pessoas na sala
de jantar
essas pessoas na sala de jantar
essas pessoas na sala de jantar

Lindoneia
CAETANO VELOSO

na frente do espelho
sem que ninguém a visse
miss
linda feia
lindoneia
desaparecida

despedaçados atropelados
cachorros mortos nas ruas
policiais vigiando
o sol batendo nas frutas
sangrando
(ai meu amor
a solidão vai me matar de
dor)

lindoneia
cor parda frutas na feira
lindoneia solteira lindoneia
domingo segunda-feira
lindoneia desaparecida
na igreja no andor

lindoneia desaparecida
na preguiça, no progresso
lindoneia desaparecida
nas paradas de sucesso
(ai meu amor
a solidão vai me matar de
dor)

no avesso do espelho
mais desaparecida
ela aparece na fotografia
do outro lado da vida
despedaçados, atropelados
cachorros mortos nas ruas
policiais vigiando
o sol batendo nas frutas
sangrando
(ai, meu amor
a solidão vai me matar
vai me matar
vai me matar de dor)

Parque Industrial
TOM ZÉ

retocai o céu de anil
bandeirolas no cordão
grande festa em toda a
nação
despertai com orações
o avanço industrial
vem trazer nossa redenção

tem garotas-propaganda
aeromoças e ternura no
cartaz
basta olhar na parede
minha alegria num instante
se refaz

pois temos o sorriso
engarrafado
já vem pronto e tabelado
é somente requentar e usar
é somente requentar e usar
porque é made made made
made in brazil

retocai o céu de anil
bandeirolas no cordão
grande festa em toda a
nação
despertai com orações
o avanço industrial
vem trazer nossa redenção

a revista moralista
traz uma lista dos pecados
da vedete
e tem jornal popular
que nunca se espreme
porque pode derramar

é um banco de sangue
encadernado
já vem pronto e tabelado
é somente folhear e usar
é somente folhear e usar
porque é made made made
made in brazil

Geleia Geral
GIL & TORQUATO NETO

um poeta desfolha a bandeira
e a manhã tropical se inicia
resplandente candente fagueira
num calor girassol com alegria
na geleia geral brasileira
que o jornal do brasil anuncia

ê bumba-iê-iê-boi
ano que vem mês que foi
ê bumba-iê-iê-iê
é a mesma dança meu boi

a alegria é a prova dos nove
e a tristeza é teu porto seguro
minha terra é onde o sol é mais limpo
e a mangueira é onde o samba é
                              mais puro
tumbadora na selva selvagem
pindorama – país do futuro

ê bumba-iê-iê-boi
ano que vem mês que foi
ê bumba-iê-iê-iê
é a mesma dança meu boi

(é a mesma dança na sala
no canecão na tv
e quem não dança não fala
assiste a tudo e se cala
não vê no meio da sala

as relíquias do brasil:
doce mulata malvada
um elepê de sinatra
maracujá mês de abril

santo barroco baiano
superpoder de paisano
formiplac e céu de anil

três destaques da portela
carne seca na janela
alguém que chora por mim
um carnaval de verdade
hospitaleira amizade
brutalidade jardim)

ê bumba-iê-iê-boi
ano que vem mês que foi
ê bumba-iê-iê-iê
é a mesma dança meu boi

plurialva contente brejeira
miss-linda-brasil diz bom dia
e outra moça também carolina
da janela examina a folia
(salve o lindo pendão dos seus olhos
e a saúde que o olhar irradia)

ê bumba-iê-iê-boi
ano que vem mês que foi
ê bumba-iê-iê-iê
é a mesma dança meu boi

um poeta desfolha a bandeira
e eu me sinto melhor colorido
pego um jato viajo arrebento
com o roteiro do sexto sentido
foz do morro pilão de concreto
tropicália bananas ao vento

Baby
CAETANO VELOSO

você precisa saber da piscina
da margarina
da carolina
da gasolina
você precisa saber de mim
baby baby
eu sei que é assim (bis)
você precisa tomar um sorvete
na lanchonete
andar com a gente
me ver de perto
ouvir aquela canção do Roberto
baby baby
há quanto tempo
você precisa aprender inglês
precisa aprender o que eu sei
e o que eu não sei mais
e o que eu não sei mais
não sei comigo vai tudo azul
contigo vai tudo em paz
vivemos na melhor cidade
da América do Sul
da América do Sul
você precisa
você precisa
você precisa

não sei leia na minha camisa
baby baby
I love you

Três Caravelas
A. ALGUERÓ & G. MOREAU

Um navegante atrevido
Salió de Palos un dia
Iba con tres caravelas
La Pinta, la Niña y la
Santa Maria
Hacia la tierra cubana
Con toda su valentia
Fué con las tres caravelas
La Pinta, la Niña y la
Santa Maria
Muita coisa sucedeu
Daquele tempo pra cá
O Brasil aconteceu
É o maior, que que há
Um navegante atrevido
Saiu de Palos um dia
Vinha com três caravelas
A Pinta, a Nina e a
Santa Maria
Em terras americanas

Saltou feliz certo dia
Vinha com três caravelas
A Pinta, a Nina e a
Santa Maria
Mira tu que cosas pasan
Que algunos años después
En esta tierra cubana
yo encontré a mi querer
Viva al señor Don Cristobal
que viva la patria mia
Vivan las tres caravelas
La Pinta, la Niña y la
Santa Maria
Viva Cristóvão Colombo
Que para nossa alegria
Veio com três caravelas
La Pinta, la Niña y la
Santa Maria
E a Santa Maria
E a Santa Maria

Enquanto seu Lobo Não Vem
CAETANO VELOSO

vamos passear na floresta
escondida
meu amor
vamos passear na avenida
vamos passear nas veredas
no alto
meu amor
há uma cordilheira
sob o asfalto
a estação primeira de
mangueira passa em ruas
largas
passa por debaixo da avenida
presidente vargas
presidente vargas
presidente vargas
vamos passear nos Estados
unidos do Brasil
vamos passear escondidos
vamos desfilar pelas ruas
onde mangueira passou
vamos por debaixo das ruas
debaixo das bombas, das
bandeiras, debaixo das botas
debaixo das rosas dos
jardins, debaixo da lama
debaixo da cama
debaixo da cama
debaixo da cama

Mamãe Coragem
CAETANO & TORQUATO NETO

mamãe mamãe não chore
a vida é assim mesmo e eu
fui-me embora
mamãe mamãe não chore
eu nunca mais vou voltar
por aí
mamãe mamãe não chore
a vida é assim mesmo e
eu quero é isto aqui
mamãe mamãe não chore
pegue uns panos pra lavar
leia um romance
veja as contas do mercado
pague as prestações
ser mãe é desdobrar fibra
por fibra os corações dos
filhos
seja feliz
seja feliz
mamãe mamãe não chore
eu quero eu posso eu
quis eu fiz
mamãe seja feliz
mamãe mamãe não chore
não chore nunca mais
não adianta

eu tenho um beijo preso
na garganta
eu tenho um jeito de quem
não se espanta
braço de ouro vale dez
milhões
eu tenho corações fora
do peito
mamãe não chore
não tem jeito
pegue uns panos pra lavar
leia um romance
leia "alzira a morta-virgem" o
"grande industrial"
eu por aqui vou indo
muito bem
de vez em quando brinco
o carnaval
e vou vivendo assim
felicidade
na cidade que eu plantei
pra mim
e que não tem mais fim
não tem mais fim
não tem mais fim

Batmacumba
GIL & CAETANO

batmacumbaieiê batmacumbaobá
batmacumbaieiê batmacumbao
batmacumbaieiê batmacumba
batmacumbaieiê batmacum
batmacumbaieiê batman
batmacumbaieiê bat
batmacumbaieiê ba
batmacumbaieiê
batmacumbaie
batmacumba
batmacum
batman
bat
ba
bat
batman
batmacum
batmacumba
batmacumbaie
batmacumbaieiê
batmacumbaieiê ba
batmacumbaieiê bat
batmacumbaieiê batman
batmacumbaieiê batmacum
batmacumbaieiê batmacumba
batmacumbaieiê batmacumbao
batmacumbaieiê batmacumbaobá

Hino ao Senhor do Bonfim
J. A. WANDERLEY & P. VILAR

Glória a ti, neste dia de glória
Glória a ti, redentor que há cem anos
Nossos pais conduziste à vitória
Pelos mares e campos baianos
Dessa sagrada colina
Mansão da misericórdia
Dá-nos a graça divina
Da justiça e da concórdia
Glória a ti, nessa altura sagrada
És o eterno farol,
és o guia
És senhor, sentinela avançada

És a guarda imortal da Bahia
Dessa sagrada colina
Mansão da misericórdia
Dá-nos a graça divina
Da justiça e da concórdia
Aos teus pés que nos deste o direito
Aos teus pés que nos deste a verdade
a alma exulta num férvido preito
A alma em festa da tua cidade
Dessa sagrada colina
Mansão da misericórdia
Dá-nos a graça divina
Da justiça e da concórdia

Outras Canções Tropicalistas

Marginália II
GIL & TORQUATO NETO

eu brasileiro confesso
minha culpa meu pecado
meu sonho desesperado
meu bem guardado segredo
minha aflição

eu brasileiro confesso
minha culpa meu degredo
pão seco de cada dia
tropical melancolia
negra solidão

aqui é o fim do mundo
aqui é o fim do mundo
aqui é o fim do mundo

aqui o terceiro mundo
pede a bênção vai dormir
entre cascatas palmeiras
araçás e bananeiras
ao canto da juriti
aqui meu pano de glória
aqui meu laço e cadeia

conheço bem minha história
começa na lua cheia
e termina antes do fim

aqui é o fim do mundo
aqui é o fim do mundo
aqui é o fim do mundo

minha terra tem palmeiras
onde sopra o vento forte
da fome com medo muito
principalmente da morte
o lê lê lê lá lá

a bomba explode lá fora
agora o que vou temer
oh yes nós temos banana
até pra dar e vender
o lê lê lê lá lá

aqui é o fim do mundo
aqui é o fim do mundo
aqui é o fim do mundo

LP de Gilberto Gil, R 765.024 L, Philips, 1968.

Luzia Luluza
GILBERTO GIL

passei toda a tarde
ensaiando ensaiando
esta vontade de ser ator
acaba me matando
são quase 8 horas da noite
e eu neste táxi
que trânsito horrível meu deus
e luzia e luzia e luzia

estou tão cansado mas disse que ia
luzia luluza está lá me esperando

mais duas entradas
uma inteira uma meia
são quase 8 horas
a sala está cheia
esta sessão das 8 vai ficar lotada

terceira semana
em cartaz James Bond
melhor pra luzia não fica parada
quando não vem gente
ela fica abandonada

naquela cabina do cine avenida
revistas, jornais, um rádio de pilha
na cela da morte do cine avenida
a me esperar

no próximo ano nós vamos casar
no próximo filme nós vamos casar
luzia luluza, eu vou ficar famoso
vou fazer um filme de ator principal
no filme eu me caso com você luzia
no carnaval

eu desço de um táxi
feliz mascarado
você me esperando na bilheteria
sua fantasia é de papel crepon
eu pego você pelas mãos como
    um raio
e saio com você descendo a avenida
a avenida é comprida é comprida...
e termina na areia
na areia do mar
e a gente se casa
na areia luluza
na beira do mar
na beira do mar

LP de Gilberto Gil, R 765.024 L, Philips, 1968.

Deus vos Salve Esta Casa Santa
CAETANO & TORQUATO NETO

um bom menino perdeu-se um dia
entre a cozinha e o corredor
o pai deu ordem a toda família
que o procurasse e ninguém o achou
a mãe deu ordem a toda a polícia
que o perseguisse e ninguém o achou

oh deus vos salve
esta casa santa
onde a gente janta
com nossos pais
oh deus vos salve
esta mesa farta
feijão verdura
ternura e paz

no apartamento vizinho ao meu
que fica em frente ao elevador
mora uma gente que não se entende
que não entende o que se passou
maria amélia filha da casa
passou da idade não se casou

oh deus vos salve
esta casa santa
onde a gente janta
com nossos pais
oh deus vos salve
esta mesa farta
feijão verdura
ternura e paz

o trem de ferro sobre o colchão
a porta aberta pra escuridão
a luz mortiça ilumina a mesa
e a brasa acesa queima o porão
os pais conversam na sala
e a moça olha em silêncio
pra seu irmão

oh deus vos salve
esta casa santa
onde a gente janta
com nossos pais
oh deus vos salve
esta mesa farta
feijão verdura
ternura e paz

LP de Nara Leão, 765.051 L, Philips, 1968.

Divino Maravilhoso
CAETANO & GIL

atenção
ao dobrar uma esquina
uma alegria
atenção menina você vem
quantos anos você tem
atenção
precisa ter olhos firmes
para este sol
para esta escuridão
atenção
tudo é perigoso
tudo é divino maravilhoso
atenção para o refrão uau

é preciso estar atento e forte
não temos tempo de temer a morte

atenção
para a estrofe para o refrão
pro palavrão
para a palavra de ordem
atenção
para o samba exaltação

atenção
tudo é perigoso
tudo é divino maravilhoso
atenção para o refrão uau

é preciso estar atento e forte
não temos tempo de temer a morte

atenção
para janelas no alto
atenção
ao pisar o asfalto o mangue
atenção
para o sangue sobre o chão

é preciso estar atento e forte
não temos tempo de temer a morte

atenção
tudo é perigoso
tudo é divino maravilhoso
atenção para o refrão uau
é preciso...

LP de Gal Costa, R 765.068 L, Philips, 1969.

Cultura e Civilização
GILBERTO GIL

a cultura
a civilização
elas que se danem ou não
somente me interessam
contanto que me deixem
meu licor de jenipapo
o papo das noites de são joão
somente me interessam
contanto que me deixem
meu cabelo belo
meu cabelo belo
como a juba de um leão
contanto que me deixem
ficar na minha
contanto que me deixem
ficar com minha vida na mão
minha vida na mão
minha vida
a cultura a civilização
elas que se danem ou não
eu gosto mesmo
é de comer com coentro
eu gosto mesmo
é de ficar por dentro
como eu estive algum tempo
na barriga de claudina
uma velha baiana
cem por cento
a cultura a civilização...

LP de Gal Costa, R 765.098 L, Philips, 1969.

Saudosismo
CAETANO VELOSO

eu você nós dois
já temos um passado
meu amor
um violão guardado
aquela flor
e outras mumunhas mais
eu você joão
girando na vitrola sem parar
o mundo dissonante
que nós dois
tentamos inventar
tentamos inventar
tentamos inventar
tentamos
a felicidade
a felicidade
a felicidade
a felicidade
eu você depois
quarta-feira de cinzas
no país
e as notas dissonantes
se integraram
ao som dos imbecis
sim você nós dois

já temos um passado meu amor
a bossa a fossa
a nossa grande dor
como dois quadradões
lobo lobo lobo
lobo lobo lobo
lobo lobo lobo
lobo lobo lobo
eu você joão
girando na vitrola sem parar
e eu fico comovido de lembrar
o tempo e o som
ah como era bom
mas chega de saudade a realidade
é que aprendemos com joão
para sempre ser desafinados
ser desafinados
ser desafinados
ser desafinados
ser desafinados
ser
chega de saudade
chega de saudade
chega de saudade

Gravação ao vivo de Caetano Veloso, no programa
Divino Maravilhoso, *TV Tupi, 25.10.1968, Philips.*

Paisagem Útil
CAETANO VELOSO

olhos abertos em vento
sobre o espaço do aterro
sobre o espaço sobre o mar
o mar vai longe do flamengo
o céu vai longe suspenso
em mastros firmes e lentos
frio palmeiral de cimento
o céu vai longe do outeiro
o céu vai longe da glória
o céu vai longe suspenso
em luzes de luas mortas
luzes de uma nova aurora
que mantém a grama nova
e o dia sempre nascendo

quem vai ao cinema
quem vai ao teatro
quem vai ao trabalho

quem vai descansar
quem canta quem canta
quem pensa na vida
quem olha a avenida
quem espera voltar

os automóveis parecem voar
os automóveis parecem voar

mas já se acende e flutua
no alto do céu uma lua
oval vermelha e azul
no alto do céu do rio
uma lua oval da esso
comove ilumina o beijo
dos pobres tristes felizes
corações amantes
do nosso brasil

LP de Caetano Veloso, R 765.026 L, Philips, 1968.

Soy Loco por Ti América
GIL & CAPINAM

soy loco por ti américa
yo voy trazer una mujer playera
que su nombre sea amarte
soy loco por ti de amores
tenga como colores
la espuma blanca de latino américa
y el cielo como bandera
soy loco por ti américa
soy loco por ti de amores
sorriso de quase nuvem
os rios canções o medo
o corpo cheio de estrelas
como se chama a amante
desse país sem nome
esse tango esse rancho
esse povo dizei-me
arde o fogo de conhecê-la
soy loco por ti américa
soy loco por ti de amores
el nombre del hombre muerto
ya no se puede dicirlo
quem sabe
antes que o dia arrebente
el hombre del hombre muerto
antes que a definitiva noite
se espalhe em latino américa
el nombre del hombre es pueblo

soy loco por ti américa
soy loco por ti de amores
espero a manhã que cante
el nombre del hombre muerto
não sejam palavras tristes
soy loco por ti de amores
um poema ainda existe
com palmeiras com trincheiras
canções de guerra quem sabe
canções de mar ay hasta te
    comover
soy loco por ti américa
sou loco por ti de amores
estou aqui de passagem
sei que adiante
um dia vou morrer
de susto de bala ou vício
no precipício de luzes
entre saudades soluços
eu vou morrer de bruços
nos braços nos olhos
nos braços de uma mulher
mais apaixonado ainda
dentro dos braços da camponesa
guerrilheira manequim
ai de mim
nos braços de quem me queira

LP de Caetano Veloso, R 765.026 L, Philips, 1968.

Superbacana
CAETANO VELOSO

toda essa gente se engana
então finge que não vê
que eu nasci
pra ser o superbacana
superbacana
superbacana
superhomem
superflit
supervinc
superhist
superbacana
estilhaço sobre copacabana
o mundo em copacabana
tudo em copacabana
copacabana
o mundo explode
longe muito longe
o sol responde
o tempo esconde
o vento espalha
e as migalhas
caem todas sobre
copacabana
me engana

esconde o superamendoim
e o espinafre biotônico
o comando do avião supersônico
do parque eletrônico
do poder atômico
do avanço econômico
a moeda nº 1 do tio patinhas
não é minha
um batalhão de cow-boys
barra a entrada
da legião dos super-heróis
e eu superbacana
vou sonhando
até explodir colorido
no sol nos cinco sentidos
nada no bolso ou nas mãos
superhomem
supervinc
superhist
superviva
supershell
superquentão

LP de Caetano Veloso, R 765.026 L, Philips, 1968.

DISCOGRAFIA

CAETANO VELOSO
- LP R 765.026 L, Philips, 1968
- Compacto – 365257 PB, Philips, 1968 (*É Proibido Proibir*)
- LP R 765.086 L, Philips, 1969
- LP 6349054, Philips, 1973 (*Araçá Azul*)
- *História da Música Popular Brasileira*, Abril Cultural, 1970, vol. 22; 2. ed. rev., 1976.

GILBERTO GIL
- LP R 765.024 L, Philips, 1968
- Compacto – 441.427 PT, Philips, 1968 (*Questão de Ordem*)
- LP R 765.087 L, Philips, 1969
- *História da Música Popular Brasileira*, Abril Cultural, 1971, vol. 30; 2. ed. rev., 1977.

GRUPO BAIANO
- LP R 765.040 L, Philips, 1968 (*Tropicália ou Panis et Circencis*)

CAETANO & GIL
- LP 1401 B. Phonogran-Pirata, 1972 (*Barra 69*)

GAL COSTA
- LP R 765.068 L, Philips, 1969
- LP R 765.098 L, Philips, 1969

NARA LEÃO
- LP R 765.098 L, Philips, 1968

BIBLIOGRAFIA

Específica

Acuio, Carlos. "Por que Canta Caetano Veloso". *Manchete*, 16. dez. 1967.
"As Marcas da Inocência Perdida". *Visão*, 1 mar. 1968.
Bar, Décio. "Acontece que Ele É Baiano". *Realidade*, ano III, n. 33, dez. 1968.
_____. "O Tropicalismo É Nosso, Viu?" *Realidade*, ano III, n. 33, dez. 1968.
Boal, Augusto. "Que Pensa Você da Arte de Esquerda?" Catálogo da I Feira Paulista de Opinião, realização do Teatro Arena de São Paulo, 1968.
Brito, A. C. de. "Tropicalismo: Sua Estética, sua História". *Revista Vozes*, ano 66, n. 9, nov. 1972.
_____. "Gracias Señor – Ensaio em Quatro Atos". *Estudos CEBRAP*, n. 2, out. 1972.
Cabral, A. C. "De Amaralina à América do Sul". *Mirante das Artes*, n. 11, set.-out. 1968.
_____. "Domingo no Parque e Práxis na Praça". *O Estado de S. Paulo*, Suplemento Literário, 30 mar. 1968.

Campos, Augusto de. *Balanço da Bossa*. 2. ed., São Paulo, Perspectiva, 1974.

Carneiro, G. E. "Tropicália e Sua Linguagem". *Cadernos de Jornalismo e Comunicação*, n. 48.

Carvalho, Tânia. "Tropicália: 7 Anos Depois Cada Um na Sua". *Manchete*, 18 out. 1975.

Chamie, Mário. "O Trópico Entrópico de Tropicália". *O Estado de S. Paulo*, Suplemento Literário, ano 12, n. 572, 6 abr. 1968.

_____. "O Gesto e a Farsa – A Encenação de *O Rei da Vela*". *Mirante das Artes*, n. 6, nov.-dez. 1967.

_____. *A Linguagem Virtual*. São Paulo, Quiron, 1976.

"Confronto: Música Popular Brasileira". *Revista Civilização Brasileira*, ano I, n. 3, jul. 1965 (debate entre Edu Lobo, Luiz Carlos Vinhas, José Ramos Tinhorão).

Coutinho, W. Nunes. "Poesia pelas Brechas". *Opinião*, 2 jul. 1976.

"Da Ilusão do Poder a uma Nova Esperança". *Visão*, 11 mar. 1974.

Ferreira, Nádia P. "Tropicalismo: Retomada Oswaldiana". *Revista Vozes*, ano 66, n. 10, dez. 1972.

Galvão, Walnice N. "MMPB: Uma Análise Ideológica". *Aparte*, n. 2, 1968.

Gil, Gilberto. Depoimento em *Fatos & Fotos*, set. 1977.

Homem de Mello, J. E. *Música Popular Brasileira*. São Paulo, Edusp-Melhoramentos, 1976.

Jesus, V. M. Antunes de. *"Batmacumba* – Jogo com as Palavras". *De Signos*, Revista do Departamento de Arte da PUC, São Paulo, n. 4, s/d.

Louzada Filho, O. C. "O Contexto Tropical". *Aparte*, n. 2, maio-jun. 1968.

_____. "A Festa da Bossa: Impacto, Sintaxe e Declínio". *Tempo Brasileiro*, n. 19-20, s/d.

Macedo Soares Regis, F. "A Nova Geração do Samba". *RCB*, n. 7, maio 1966.

MACIEL, Luiz Carlos. "É Proibido Proibir". *Correio da Manhã*, 11 out. 1968.

―――――. "Caetano: 1965 a 1971". *Jornal de Amenidades*, Rio de Janeiro, 1971.

―――――. "O Esvaziamento da Realidade". *Folha de S. Paulo*, Folhetim, 27 fev. 1977.

MEDAGLIA, Júlio. "Música, Não-música, Antimúsica". *O Estado de S. Paulo*, Suplemento Literário, 22 abr. 1967 (entrevista com Damiano Cozzella, Rogério Duprat, Willy Corrêa de Oliveira, Gilberto Mendes).

MEDINA, C. A. de. *Música Popular e Comunicação*. Petrópolis, Vozes, 1973.

MORAIS, Frederico. *Artes Plásticas: A Crise da Hora Atual*. Rio de Janeiro, Paz e Terra, 1975.

O BONDINHO, n. 37-38, 1972 (entrevistas de Gil e Caetano a Hamilton de Almeida).

O PASQUIM, n. 84, 11-17 fev. 1971.

"OS IMPASSES da Cultura". *Visão*, ago. 1973.

"QUE CAMINHOS Seguir na Música Popular Brasileira?" *Revista Civilização Brasileira*, ano I, n. 7, maio 1966 (debate coordenado por Airton Lima Barbosa).

RISÉRIO FILHO, A. "O Nome mais Belo do Medo". *Minas Gerais*, Suplemento Literário, 21 jul. 1973.

ROSENFELD, Anatol *et alii*. "Vanguarda em Questão". *Tempo Brasileiro*, n. 26-27, 1971.

SANT'ANNA, A. R. de. *Música Popular e Moderna Poesia Brasileira*. Petrópolis, Vozes, 1978.

SANTIAGO, Silviano. "Caetano Veloso, os 365 Dias de Carnaval". *Cadernos de Jornalismo e Comunicação*, n. 40, jan.-fev. 1973.

―――――. "Bom Conselho". *Minas Gerais*, Suplemento Literário, 17 mar. 1973.

―――――. "Fazendo Perguntas com o Martelo". In: VASCONCELLOS, Gilberto. *Música Popular: De Olho na Fresta*. Rio de Janeiro, Graal, 1977.

SCHWARZ, Roberto. "Remarques sur la culture et la politique au Brésil, 1964-1969". *Les Temps Modernes*, n. 288, 1970. Republicado em *O Pai de Família e Outros Estudos*, Rio de Janeiro, Paz e Terra, 1978.

_____. "Nota sobre Vanguarda e Conformismo". *Teoria e Prática*, n. 2, 1968.

_____. "As Ideias Fora do Lugar". *Estudos CEBRAP*, n. 3, jan. 1974.

_____. "As Ideias Fora do Lugar". *Movimento*, 26 jul. 1976 (entrevista a Gilberto Vasconcellos e Wolfgang Leo Maar).

SOUTELLO, Mônica. "Divino Maravilhoso". *Jornal do Brasil*, Caderno B, 25 de set. 1968.

TAVARES, Zulmira R. "Os Confins da Ignorância". *O Estado de S. Paulo*, Suplemento Literário, 24 jul. 1969.

TORQUATO NETO. *Os Últimos Dias de Paupéria*. Org. Wally Sailormoon. Rio de Janeiro, Eldorado Tijuca, 1973.

VARELA, Dailor. "Da Tropicália ao Lamê". *Vozes*, n. 3, 1972.

VASCONCELLOS, Gilberto. *Música Popular: De Olho na Fresta*. Rio de Janeiro, Graal, 1977.

VELOSO, Caetano. *Alegria, Alegria*. Org. Wally Salomão. Rio de Janeiro, Pedra Q Ronca, 1977.

WISNIK, José Miguel. "Onde Não Há Pecado nem Perdão". *Almanaque*, São Paulo, Brasiliense, n. 6, 1978.

_____. "Oculto e Óbvio". Entrevista com Caetano Veloso. *Almanaque*, São Paulo, Brasiliense, n. 6, 1978.

GERAL

ADORNO, T. W. "Moda sem Tempo: O *Jazz*". *RCB*, ano III, n. 18, mar.-abr. 1968.

_____. "Ideias para a Sociologia da Música". *Teoria e Prática*, n. 3, 1968.

_____. "Conferências sobre Lírica e Sociedade". São Paulo, Abril Cultural, 1975 (Col. Os Pensadores, vol. XLVIII).

AMARAL, Aracy (org.). *Projeto Construtivo Brasileiro na Arte (1950--1962)*. Rio de Janeiro/São Paulo, Museu de Arte Moderna/Pinacoteca do Estado, 1977.

ANDRADE, Oswald de. *Memórias Sentimentais de João Miramar*. 2. ed., São Paulo, Difel, 1974; 3. ed., *Obras Completas*, Rio de Janeiro, Civilização Brasileira-MEC, 1971, vol. 2.

_____. *Serafim Ponte Grande*. 2. ed., *Obras Completas*, vol. 2.

_____. "Do Pau-brasil à Antropofagia e às Utopias". *Obras Completas*, 1972, vol. 6.

_____. *Poesias Reunidas*. 3. ed., São Paulo, Difel, 1966; 3. ed., *Obras Completas*, 1972, vol. 7.

_____. *O Rei da Vela*. 2. ed., São Paulo, Difel, 1967; 3. ed., *Obras Completas*, 1973, vol. 8.

ARTAUD, Antonin. *Le théatre et son double*. Paris, Gallimard, 1964 (Idées).

ÁVILA, Affonso (org.). *O Modernismo*. São Paulo, Perspectiva, 1975.

BAKHTIN, Mikhail. *La poétique de Dostoievski*. Paris, Seuil, 1970.

_____. *L'Oeuvre de François Rabelais et la culture populaire au Moyen Âge et sous la Renaissance*. Paris, Gallimard, 1970.

_____. "A Tipologia do Discurso na Prosa". In: LIMA, Luís Costa (org.). *Teoria da Literatura em Suas Fontes*. São Paulo, Francisco Alves, 1975.

BARTHES, Roland. *Le plaisir du texte*. Paris, Seuil, 1973.

_____. *Roland Barthes por Roland Barthes*. Lisboa, Edições 70, 1976.

_____. "Le grain de la voix". *Musique en jeu*, Paris, Seuil, n. 9, 1972.

BENJAMIN, Walter. "A Obra de Arte na Época de Suas Técnicas de Reprodução". São Paulo, Abril Cultural, 1975 (Col. Os Pensadores, vol. XLVIII).

_____. "O Surrealismo". São Paulo, Abril Cultural, 1975 (Col. Os Pensadores, vol. XLVIII).

_____. *A Modernidade e os Modernos*. Rio de Janeiro, Tempo Brasileiro, 1975.

_____. *Il Dramma Barocco Tedesco.* 2. ed., Torino, Einaudi, 1971.
Bosi, Alfredo. *O Ser e o Tempo da Poesia.* São Paulo, Cultrix/Edusp, 1977.
Camargo, Suzana. *Macunaíma – Ruptura e Tradição.* São Paulo, Massao Ohno-João Farkas, 1977.
Campos, Augusto de et alii. *Teoria da Poesia Concreta.* 2. ed., São Paulo, Duas Cidades, 1975. [5. ed., Ateliê Editorial, 2014.]
Campos, Haroldo de. *A Arte no Horizonte do Provável.* São Paulo, Perspectiva, 1969.
_____. "Miramar na Mira". In: Andrade, Oswald. Introdução a *Memórias Sentimentais de João Miramar. Obras Completas,* 1971, vol. 2.
_____. "Uma Poética da Radicalidade". Introdução a *Poesias Reunidas de O. de Andrade. Idem,* 1972, vol. 7.
Candido, Antonio. *Literatura e Sociedade.* 3. ed., São Paulo, Nacional, 1973.
_____. *Vários Escritos.* São Paulo, Duas Cidades, 1970.
Costa Lima, Luís (org.). *Teoria da Cultura de Massa.* Rio de Janeiro, Saga, 1970.
Dauffouy, Ph. & Sarton, J.-P. *Pop Music/Rock.* Porto, A Regra do Jogo, 1974.
Deleuze, Gilles. *Lógica do Sentido.* São Paulo, Perspectiva, 1975.
Dufrenne, Mikel. *Art et politique.* Paris, UGE, col. 10/18, 1974.
Eco, Umberto. *La Definición del Arte.* 2. ed., Barcelona, Martínez Roca, 1972.
Enzensberger, H. M. "As Aporias da Vanguarda". *Tempo Brasileiro,* n. 26-27.
Ey, Henry (org.). *O Inconsciente.* Rio de Janeiro, Tempo Brasileiro, 1969, vol. I.
Ferreira Gullar. *Cultura Posta em Questão.* Rio de Janeiro, Civilização Brasileira, 1965.
_____. *Vanguarda e Subdesenvolvimento.* Rio de Janeiro, Civilização Brasileira, 1969.
_____ (org.). *Arte Brasileira Hoje.* Rio de Janeiro, Paz e Terra, 1973.

FRANCO, Jean. "La parodie, le grotesque et le carnavalesque". *Idéologie, littérature et société en Amérique Latine*. Bélgica, Éditions de l'Université de Bruxelles, 1975.

FREUD, S. *Conferências Introdutórias sobre Psicanálise – Sonhos*. Rio de Janeiro, Imago, 1976 (Pequena Coleção das Obras de Freud, livro 21).

GALARD, Jean. *Mort des Beaux-Arts*. Paris, Seuil, 1971.

HOLANDA, Sérgio Buarque de. *Raízes do Brasil*. 10. ed. Rio de Janeiro, J. Olympio, 1973.

_____. *Visão do Paraíso*. São Paulo, Nacional-Edusp, 1969.

JAKOBSON, Roman. *Linguística e Comunicação*. 3. ed., São Paulo, Cultrix, 1970.

KOTHE, Flávio R. "Linguagem Poética e Linguagem Onírica", *Para Ler Benjamin*. Rio de Janeiro, Francisco Alves, 1976.

_____. *Benjamin & Adorno: Confrontos*. São Paulo, Ática, 1978.

KRISTEVA, Julia. *Introdução à Semanálise*. São Paulo, Perspectiva, 1974.

LACAN, Jacques. *Escritos*. São Paulo, Perspectiva, 1978.

LAFETÁ, João Luiz. *1930: A Crítica e o Modernismo*. São Paulo, Duas Cidades, 1974.

LYOTARD, J.-F. *Des dispositifs pulsionnels*. Paris, UGE, 1973 (Col. 10/18).

LYOTARD, J.-F. & AVRON, D. "A Few Words to Sing" (sur *Sequenza III* de Berio). *Musique en Jeu – 2*, Paris, Seuil, 1971.

LUKÁCS, G. *Realismo Crítico Hoje*. Brasília, Coordenada Ed. de Brasília, 1969.

_____. "Alegoria y Símbolo". *Estética*. Barcelona, Grijalbo, 1967, vol. 4.

MANNONI, O. *Chaves para o Imaginário*. Petrópolis, Vozes, 1973.

MARTINS, Heitor. *Oswald de Andrade e Outros*. São Paulo, Conselho Estadual de Cultura, 1973.

MERQUIOR, J. G. *Formalismo e Tradição Moderna*. Rio de Janeiro/São Paulo, Forense Universitária/Edusp, 1974.

_____. *Saudades do Carnaval*. Rio de Janeiro, Forense, 1972.

_____. *Arte e Sociedade em Marcuse, Adorno e Benjamin*. Rio de Janeiro, Tempo Brasileiro, 1969.

MORIN, E. *et alii*. *Linguagem da Cultura de Massa: Televisão e Canção*. Petrópolis, Vozes, 1973.

MUGIATI, Roberto. *Rock, o Grito e o Mito*. 2. ed., Petrópolis, Vozes, 1973.

NUNES, Benedito. "Antropofagia ao Alcance de Todos". Introdução ao vol. 6 das *Obras Completas* de Oswald de Andrade, Rio de Janeiro/Brasília, Civilização Brasileira/MEC, 1972.

_____. "Cultura e Ficção – A Interiorização do Carnaval na Literatura Brasileira". *O Estado de S. Paulo*, Suplemento Literário, 22 set. 1974.

_____. "O Modernismo e as Vanguardas (acerca do Canibalismo Literário)". *Minas Gerais*, Suplemento Literário, n. 139-142, 1969.

PEDROSA, Mário. *Mundo, Homem, Arte em Crise*. São Paulo, Perspectiva, 1975.

PIGNATARI, Décio. *Contracomunicação*. São Paulo, Perspectiva, 1971. [Ateliê Editorial, 2004.]

PROENÇA, M. Cavalcanti. *Ritmo e Poesia*. Rio de Janeiro, Simões, s/d., Col. Rex.

SANGUINETI, Edoardo. *Ideologia e Linguagem*. Porto, Portucalense, 1972.

_____. "Sociologia da Vanguarda", em Luís Costa Lima (org.), *Teoria da Cultura de Massa*, Rio de Janeiro, Saga, 1970.

TODOROV, T. *Introdução à Literatura Fantástica*. São Paulo, Perspectiva, 1975.

Título	*Tropicália: Alegoria, Alegria*
Autor	Celso Fernando Favaretto
Editor	Plinio Martins Filho
Capa	Lygia Eluf e
	Ricardo Assis
Foto da capa	Capa do disco *Tropicália ou Panis et Circencis,* Philips
Produção Editorial	Aline Sato
Editoração Eletrônica	Ricardo Assis
	Camyle Cosentino
	Igor Souza
Formato	14 x 21 cm
Tipologia	Adobe Garamond
Papel de capa	Cartão Supremo 250 g/m^2
Papel de miolo	Pólen Soft 80 g/m^2
Número de páginas	192
Impressão e acabamento	Forma Certa